L'héritage de la liberté

Du même auteur

AUX MÊMES ÉDITIONS

Éloge de la différence, 1978
coll. « Points Sciences », 1981
Au péril de la science ?, 1982
coll. « Points Sciences », 1984
Moi et les Autres
coll. « Point-Virgule », 1983
L'Héritage de la liberté
coll. « Science ouverte », 1986
Cinq Milliards d'Hommes dans un vaisseau
coll. « Point-Virgule », 1987
Abécédaire de l'ambiguïté
coll. « Point-Virgule », 1989
Moi je viens d'où ?
coll. « Petit Point », 1989
C'est quoi l'intelligence
coll. « Petit Point », 1989

à paraître

Lettres à un ami en prison
coll. « Petit Point », 1991

CHEZ D'AUTRES ÉDITEURS

Structure génétique des populations
Masson, 1970
Les Probabilités
PUF, 1974
Génétique des populations humaines
PUF, 1974
Concepts en génétique des populations
Masson, 1977
Inventer l'homme
Éditions Complexe, Bruxelles, 1984
Idées vécues
Flammarion, 1989

Albert Jacquard

L'héritage
de la liberté

De l'animalité à l'humanitude

Éditions du Seuil

En couverture : illustration Sylvie Saulnier.

ISBN 2-02-012874-8.
(ISBN 1re publication : 2-02-009344-8)

Introduction

L'objectif ultime de l'effort scientifique est de rendre plus lucide notre regard sur nous-mêmes.

Certes, les astronomes qui interrogent l'univers pour imaginer son origine (le fameux Big Bang, l'explosion survenue il y a quelque quinze milliards d'années, créatrice de toute matière et de toute énergie) ou qui étudient les propriétés des « trous noirs » (ces amas de matière si denses que, retenue par la gravité, la lumière elle-même ne peut s'en échapper) semblent se désintéresser de cette infime poussière qu'est l'homme, insignifiant dans le tourbillon des galaxies.

A l'autre extrémité de l'observation du réel, les physiciens qui piègent les particules élémentaires dans leurs accélérateurs gigantesques, qui organisent des collisions à la vitesse de la lumière pour casser les briques infinitésimales dont est faite la matière, qui photographient la trajectoire d'un quelconque lepton dont la vie dure moins d'un milliardième de seconde, semblent bien n'avoir aucune pensée pour les êtres humains, énormes agglomérats de milliards de milliards d'atomes.

Et pourtant, les questions que se posent, à propos de ce qu'ils observent, astronomes et physiciens sont des questions imaginées par des hommes ; elles n'ont d'existence qu'en raison de la présence, dans l'univers, des hommes, à mi-chemin entre ces deux infinis, l'infiniment petit et l'infiniment grand, dont le silence effrayait tant Pascal.

Grâce à l'effort scientifique, ces infinis ne sont plus silencieux ; ils nous racontent l'histoire de l'univers ; ils nous livrent les secrets des forces qui dominent la matière ; le monde est devenu bavard, si bavard que des milliers de revues scientifiques suffisent à peine à contenir son discours.

Le miracle n'est pas l'existence, dans les espaces interstellaires, du fameux rayonnement fossile, résidu, après 15 milliards d'années de refroidissement, de la fabuleuse chaleur qui a accompagné le Big Bang ; le miracle est que nous autres, les hommes, ayons été capables de prévoir son existence, et même de calculer avec précision sa température, bien avant d'avoir pu effectivement le déceler. Comme tous les animaux, nous explorons le monde par l'intermédiaire de nos sens ; mais nous seuls avons su en accroître indéfiniment la portée. Et surtout, nous seuls savons regarder non seulement avec nos yeux, mais avec notre cerveau. Ce ne sont pas nos sens, c'est avant tout notre intelligence qui nous permet de connaître la composition chimique d'une étoile pour toujours inaccessible, ou de constater l'étrange comportement de certaines particules élémentaires.

Dans le dialogue entre l'univers et l'homme, c'est l'homme qui conduit l'interrogatoire. C'est lui qui crée les concepts et les mots nécessaires à ce dialogue. L'exploration scientifique est, en dernière analyse, une interrogation sur l'homme, qui en est l'initiateur. Ce n'est pas la réalité d'un quark qui est passionnante, mais la cohérence interne que donne l'hypothèse de cette existence à notre représentation de la matière. Et cette représentation est une activité spécifiquement humaine.

Le ressort profond qui meut le scientifique, qui lui permet de traverser les périodes douloureuses de doute et d'incompréhension, est, quel que soit l'objet de sa recherche, son angoisse face à lui-même. Son besoin essentiel est un peu plus de lucidité sur l'homme, lui et les autres. Par une déviation, dont il serait passionnant de préciser l'histoire et les motifs, la science, dans notre culture et à notre époque, s'est désintéressée de la lucidité, et a visé l'efficacité. Cet objectif était sans doute plus accessible, puisqu'il a été à peu près atteint. Le scientifique, c'est un fait, réalise des prouesses ; avec son aide, l'ingénieur obtient des succès plus spectaculaires encore. Le prestige sans pareil dont jouit la science dans la conscience collective vient de cet extraordinaire savoir-faire.

On commence cependant à s'interroger sur l'intérêt de cette efficacité : à quoi bon aller vite, si l'on ignore la bonne direction ? Il est de plus en plus évident que la maîtrise des forces de la nature, apportée par le progrès de la connaissance, est devenue le moteur d'une course insensée, qui se révèle une course à l'abîme. Constatant que son rythme est toujours plus rapide, nous commençons à ne plus applaudir de confiance.

L'intérêt croissant pour les domaines de recherche apparemment les moins rigides, rassemblés sous le titre de « sciences du vivant » ou de « sciences de l'homme », est le signe d'un retour vers les questions essentielles, le signe d'un besoin de clarté. Cependant, ce déplacement de l'objectif fait apparaître deux risques majeurs. Le premier est la tentation d'abandonner la rigoureuse discipline intellectuelle qui a permis aux « sciences dures » d'obtenir de si spectaculaires succès. Cette discipline exige, avant tout, de préciser à chaque stade l'objet du discours : de quoi s'agit-il ? Une fois cet objet défini, il est possible de le caractériser par une série de paramètres, et de traiter les rapports entre ceux-ci, grâce éventuellement à la mise en œuvre d'un appareillage mathématique puissant. Bien sûr, cet appareillage n'a d'utilité que si les variables sur lesquelles il opère ont été préalablement spécifiées. Mais, par son aspect souvent mystérieux, il exerce une telle fascination que certains chercheurs sont tentés de l'utiliser à vide, comme si sa seule présence assurait la scientificité du discours.

Le second risque résulte de l'intérêt même, pour chaque homme, de tout ce qui concerne l'homme. Nous sommes friands de tout ce qui peut nous apporter un peu de lumière sur nos propres réactions ; or nous n'avons ni le temps ni les moyens d'aller puiser ces informations dans les revues scientifiques, où elles sont fournies avec mille détails, mais aussi avec mille précautions, et où chaque résultat est accompagné de la délimitation de son domaine de validité. Une large place est ainsi laissée à une vulgarisation biaisée qui, sous le couvert d'une présentation des apports de la science, diffuse les affirmations dogmatiques d'une idéologie.

Le développement, au cours des quelque dix dernières années, de la discipline intitulée « sociobiologie » illustre particulièrement bien ces deux dangers. Il s'agit, selon les termes mêmes du créateur de cette discipline, Edward Wilson, dans l'ouvrage paru en 1975 sous le titre *Sociobiology, the New Synthesis*, de « *the systematic study of the biological basis of all social behavior* », « l'étude systématique du fondement biologique de tout comportement social ». Les implications, pour les sociétés humaines, de ce que la méthode scientifique permettra de découvrir en ce domaine sont évidentes. La moindre affirmation risque donc d'être utilisée hors de son contexte ; constat du résultat d'une expérience ou aboutissement d'un raisonnement, elle devient une arme dans un combat idéologique ; une question qui s'efforçait de mieux éclairer le problème est ainsi transformée en une réponse qui l'obscurcit.

La sociobiologie représente la forme moderne d'un courant de pensée dont les origines sont fort lointaines. Il s'agit d'expliquer les comportements des êtres vivants. Ces comportements sont présentés comme les aboutissements de chaînes causales ayant leur source dans la « nature », c'est-à-dire, en termes actuels, dans le patrimoine génétique. Ce « déterminisme biologique » [38] tient compte, dans sa version nouvelle, de la révolution conceptuelle apportée par Mendel : les êtres vivants ne transmettent pas à leurs descendants leurs caractéristiques ; ils leur fournissent la moitié des facteurs (nous disons aujourd'hui les « gènes ») qui, en eux, gouvernent ces caractéristiques. La problématique posée par la sociobiologie comporte donc deux objectifs : d'une part, préciser le lien entre les caractères manifestés (le « phénotype ») et le patrimoine reçu (le « génotype »), d'autre part, expliquer comment ce patrimoine a évolué de génération en génération pour aboutir à la réalité d'aujourd'hui.

La première question est celle qu'a su rédoudre Mendel à propos de la couleur ou de l'aspect ridé des pois de son jardin de Brno. Elle est aussi celle que les médecins et les biologistes résolvent peu à peu à propos des mécanismes immunologiques (les « systèmes sanguins ») ou à propos des maladies dues à des erreurs innées du métabolisme. Dans de tels cas, le lien entre le génotype et le phénotype résulte d'une chaîne causale très courte ; il est donc possible de considérer comme négligeable, en première approximation, l'influence du milieu. Lorsqu'il s'agit d'un comportement, cette chaîne causale est évidemment beaucoup plus longue et complexe, et cette complexité devient inextricable lorsqu'il s'agit d'un comportement « social », c'est-à-dire résultant de l'interaction d'un nombre élevé d'individus. Telle est cependant l'ambition des sociobiologistes : établir une correspondance stricte entre le contenu du patrimoine génétique collectif et les attitudes considérées comme « normales » par une société (par exemple dans la nôtre : le sens de la propriété, la domination des femmes par les hommes, le rejet des étrangers, etc.).

La seconde question se réfère au raisonnement tenu par Darwin : le nombre des individus procréés est, dans la plupart des espèces, très supérieur au nombre de ceux qui peuvent survivre, compte tenu des ressources apportées par le milieu. La nature opère ainsi une sélection en éliminant ceux qui ont reçu des caractéristiques défavorables. Les gènes responsables de ces caractéristiques ne sont donc pas transmis. Progressivement les patrimoines génétiques « les meilleurs » subsistent seuls. Tout est pour le mieux dans le meilleur des mondes, et les déviants doivent être supprimés.

Une telle doctrine, dès qu'elle est appliquée à l'espèce humaine, est fondamentalement politique : c'est la façon d'organiser la cité qui est en cause. Affirmer que la xénophobie, le sens de la propriété, ou le besoin de dominer, sont « naturels », c'est prendre parti en faveur d'une certaine structure sociale. La diffusion, à partir de l'ouvrage de Wilson, des thèses de la sociobiologie a provoqué des controverses qui ont fait rage aux États-Unis, puis, dans une présentation de ces thèses malheureusement biaisée, en France [55].

Ces controverses semblent actuellement moins violentes ; peut-être est-il temps de retrouver assez de sérénité pour que le débat puisse se poursuivre de façon constructive. Pour cela, il paraît nécessaire de le situer dans une perspective qui déborde largement les objets de polémique ; il importe de ne pas se borner à la problématique de la sociobiologie telle que l'a définie Wilson, et surtout de focaliser l'attention sur la spécificité de l'homme.

Tel est l'objectif de ce livre. Pour tenter d'y parvenir, j'ai tenu à définir avec le plus de rigueur possible, à chaque étape du raisonnement, les questions posées et les termes utilisés, pour les formuler et pour y répondre. Ce cheminement semblera souvent laborieux, parfois naïf, tant les précisions fournies sont, ou devraient être, largement connues. Mais il ne s'agit pas ici d'introduire des concepts nouveaux, d'apporter des informations inédites, simplement de mettre en lumière les données et les modèles théoriques de façon à vérifier leur cohérence.

Je n'ai pas essayé d'entrer dans le jeu des sociobiologistes, qui se présentent souvent cuirassés d'observations méticuleuses, charpentés d'interprétations subtiles, fournisseurs de réponses définitives ; j'ai préféré le rôle du candide mû par le besoin insatiable de comprendre et obsédé par les questions encore ouvertes.

Mais l'inconfort du questionnement peut se révéler plus fertile que la satisfaction des réponses obtenues. Le jeu de la connaissance consiste à assembler sans fin une mosaïque de faits et d'idées. Les pavés de diverses couleurs qui composent cette mosaïque peuvent n'avoir individuellement rien d'original ; l'important, c'est le sens global qui s'en dégage, et l'émotion que nous ressentons à la contempler.

Un premier chapitre rappelle quelques cas où les observateurs ont été, à juste titre, intrigués par le comportement des animaux : d'où tiennent-ils le secret d'attitudes si merveilleusement adaptées aux problèmes posés par leur survie ? Les quatre chapitres suivants s'efforcent de mieux poser cette question, en précisant ce que chaque individu reçoit lors de sa conception et comment il utilise les recettes dont il est dépositaire pour progressivement se construire lui-même. Sont introduits et discutés à ce propos les concepts clés : *hasard, complexité, auto-organisation.*

Les chapitres 6 et 7 insistent sur les pièges que recèlent certaines techniques d'analyse, utilisées souvent sans prendre les précautions nécessaires, et que camouflent des mots rendus ambigus par l'excès de leur utilisation : *corrélation* et *héritabilité.*

La référence suprême des sociobiologistes est le darwinisme ; leur grand succès est d'avoir pu, à l'aide de cette théorie, résoudre le paradoxe des « gènes de l'altruisme ». Mais que signifie l'affirmation que l'on est darwinien, et quel est le contenu réel de ce paradoxe ? C'est à ces questions que les chapitres 8 et 9 s'efforcent de répondre.

La multiplicité des mécanismes de la transmission culturelle a longtemps découragé toute analyse précise. De premiers modèles sont proposés par divers chercheurs ; ils apportent la possibilité de caractériser par des paramètres mesurables les divers processus à l'œuvre. Une présentation succincte en est faite au chapitre 10.

Après une réflexion sur la difficulté de remonter des effets observés aux causes supposées (chapitre 11), l'attention est attirée sur la dégradation si fréquente, notamment dans notre pays, de la discussion scientifique en une querelle idéologique (chapitre 12).

Enfin les deux derniers chapitres mettent en contraste les deux cheminements que peut suivre demain l'aventure humaine : ou la construction d'une humanitude s'enrichissant, sans fin, de nouvelles découvertes et de nouvelles exigences, ou la disparition stupide dans le froid et les ténèbres de l'hiver nucléaire rendu possible par notre aveuglement et déclenché par notre folie. A nous de choisir. Homo Sapiens, nous dit Edgar Morin, est aussi Homo Demens. Nous avons, chacun et collectivement, la possibilité de devenir notre propre négatif. C'est le prix à payer si nous voulons être libres.

Une fois de plus notre esprit se heurte à un paradoxe

central : je connais de l'intérieur ma possible liberté, mais mon intelligence m'apporte la connaissance des barreaux qui m'emprisonnent. Être homme, c'est être libre. Cette liberté, comment et par qui m'a-t-elle été transmise ? Comment puis-je la construire ?

Avertissement

L'ordre adopté pour la succession des chapitres est celui qui m'a paru correspondre à l'enchaînement logique des faits et des arguments. Cet ordre n'est pas nécessairement celui qui correspond au questionnement spontané du lecteur.

A vrai dire, l'objectif des douze premiers chapitres est d'apporter les concepts et les constats qui justifient les deux derniers. C'est dans ceux-ci que se situe le message essentiel. Le meilleur cheminement commencera donc par la lecture des chapitres 13 et 14, suivie de celle de l'ensemble.

1. Ces animaux intriguant

Dans notre quête d'informations sur nous-mêmes, et surtout dans notre tentative pour tracer de nous un portrait suffisamment flatteur, nous sommes perturbés par les êtrcs qui, à certains égards, paraissent proches de nous. Ils sont d'autant plus gênants que leurs attitudes ressemblent plus aux nôtres. Pour mieux cerner la difficulté d'ouvrir les yeux sur nous-mêmes, il nous faut affiner notre regard non seulement sur ces proches cousins que sont les primates, mais même sur des parents aussi éloignés que certains poissons ou certains insectes.

En fait, le comportement des animaux a toujours fasciné et intrigué les hommes. Ces êtres, dont nous admettons volontiers qu'ils sont d'une tout autre « nature » que nous, se révèlent capables de séries d'actes étrangement complexes ; ces « bêtes » manifestent des aptitudes à réagir ou même à prévoir, qui semblent, selon toute apparence, les fruits d'une intelligence fort développée. D'où vient cette capacité surprenante à s'organiser pour déjouer les pièges souvent subtils tendus par leurs congénères, par les prédateurs (animaux ou hommes), ou par le milieu ? La réponse à cette question est facilement fournie par un mot, l'« instinct » ; mais que signifie vraiment ce mot ? Cette science infuse que semblent posséder les animaux, qui la leur a fournie ? Une fois de plus la réponse peut tenir en un mot, pour les uns le « Créateur », pour les autres la « Nature ».

L'effort scientifique consiste à refuser de se payer ainsi de mots, à pénétrer le plus profondément possible dans l'enchevêtrement des causes, à décrire les mécanismes à l'œuvre, à imaginer les processus dont la réalité observable est l'aboutissement, enfin à mettre les hypothèses échafaudées à l'épreuve de l'expérience.

Pour cela il est d'abord nécessaire de porter sur le réel un regard plus scrutateur, plus précis, plus froid. Tel comportement animal qui nous intrigue tant n'a peut-être que les apparences de la complexité ; tel autre, qui semble résulter d'un savant calcul permettant de choisir entre diverses attitudes, n'a peut-être que les apparences d'une stratégie. Pour commencer il convient donc de décrire ces comportements en évitant de mêler, plus ou moins implicitement, une explication à la description.

Une littérature considérable a été consacrée aux comportements d'innombrables espèces. Une discipline scientifique, l'*éthologie,* s'est donné pour tâche d'introduire le maximum de rigueur dans l'étude de cette portion de l'univers qui nous entoure. Dans cette courte introduction, il ne peut être question de passer en revue la masse énorme des informations qui ont été rassemblées. Mais, pour contrebalancer le caractère abstrait des chapitres qui suivront, il m'a semblé utile de présenter quelques exemples, choisis pour leur pittoresque, afin de mettre en évidence la difficulté de mener à bien une description en évitant d'y introduire anthropocentrisme et finalité.

Le Cerceris tuberculé
et le Cléone ophtalmique

Ai-je jamais rencontré des hyménoptères ou des coléoptères ? En fait, lorsque mes yeux en ont vu, mon cerveau ignorait s'il s'agissait d'individus aux noms si savants. Heureusement, quelqu'un les a regardés pour moi et les a décrits avec tant de passion que j'ai l'impression d'avoir observé, à ses côtés, les combats du *Cerceris tuberculé* et du *Cléone ophtalmique*. C'est là sans doute un des chapitres les plus célèbres des *Souvenirs d'un entomologiste* de Jean-Henri Fabre, celui que Darwin qualifiait d'« observateur inimitable » [18].

La femelle de ce *Cerceris,* une guêpe, pond ses œufs au fond de galeries qu'elle creuse dans la terre. Mais, lorsque ces œufs éclosent, les larves ont besoin de nourriture ; pour leur permettre de survivre et de se développer, il faut que leur mère dépose dans ce nid des aliments en quantité suffisante et surtout en bon état de conservation, car les larves d'hyménoptères semblent particulièrement délicates ; elles ne peuvent se contenter de cadavres d'insectes, il leur faut des insectes vivants, mais néanmoins disposés à se laisser dévorer tout vifs sans réagir.

Le problème est apparemment sans solution ; la femelle Cerceris l'a cependant résolu avec élégance et efficacité. Une fois ses œufs pondus, elle recherche aux environs un charançon, un Curculionide, de l'espèce la plus grosse, le Cléone ophtalmique, et elle le transforme en proie à la fois vivante et consentante pour ses futurs descendants.

Je laisse ici la parole à J.-H. Fabre :

> Elle se précipite sur lui et l'enlace de ses pattes pour l'emporter. Mais elle s'aperçoit promptement que la proie est vivante, et alors le drame commence pour s'achever avec une inconcevable rapidité. L'hyménoptère se met face à face avec sa victime, lui saisit la trompe entre ses puissantes mandibules, l'assujettit vigoureusement ; et tandis que le Curculionide se cambre sur les jambes, l'autre, avec les pattes antérieures, le presse avec effort sur le dos comme pour faire bâiller quelque articulation ventrale. On voit alors l'abdomen du meurtrier se glisser sous le ventre du Cléone, se recourber, et darder vivement à deux ou trois reprises son stylet venimeux à la jointure du prothorax, entre la première et la seconde paire de pattes. En un clin d'œil, tout est fait. Sans le moindre mouvement convulsif, sans aucune de ces pandiculations des membres qui accompagnent l'agonie d'un animal, la victime, comme foudroyée, tombe pour toujours immobile. C'est terrible en même temps qu'admirable de rapi-

dité. Puis le ravisseur retourne le cadavre sur le dos, se met ventre à ventre avec lui, jambes de ça, jambes de là, l'enlace et s'envole.

L'explication de ce meurtre différé est que, chez les charançons, les trois ganglions thoraciques d'où partent les nerfs commandant les ailes et les pattes sont situés, proches l'un de l'autre, entre la première et la seconde paire de pattes :

> Et c'est là que l'hyménoptère plonge son stylet. Par quelle docte intelligence est-il donc inspiré ?... Les Cerceris ravisseurs de coléoptères se conforment, dans leur choix, à ce que pourraient seules enseigner la physiologie la plus savante et l'anatomie la plus fine. Vainement on s'efforcerait de ne voir là que des concordances fortuites : ce n'est pas avec le hasard que s'expliquent de telles harmonies.

Mais Fabre est un adepte fidèle du fixisme ; il pense, comme Cuvier, que chaque espèce a été créée indépendamment des autres et reste, génération après génération, identique à elle-même ; il ne se pose en aucune façon le problème de l'évolution : « Chaque époque a sa lubie scientifique : nous avons aujourd'hui [en 1905] le transformisme, on avait [avant Pasteur] la génération spontanée. » Pour lui les comportements prodigieux qu'il observe chez les insectes sont simplement la manifestation de l'instinct dont « la maternité est la souveraine inspiratrice. Préposée à la permanence de l'espèce, de plus grave intérêt que la conservation des individus, elle éveille de merveilleuses prévisions dans l'intellect le plus somnolent ; elle est le foyer trois fois saint où couvent, puis soudain éclatent ces inconcevables lueurs psychiques qui nous donnent le simulacre d'une infaillible raison. Plus elle s'affirme, plus l'instinct s'élève ».

Arrivé à ce point, tout le problème est de donner une définition claire de l'instinct, d'expliquer son origine, son progressif perfectionnement..., c'est-à-dire de constater que l'on est ramené au problème initialement posé.

Les épinoches

L'arrivée de la période de reproduction provoque chez les épinoches, ces petits poissons d'eau douce, une modification complète de l'aspect et du comportement des mâles. De gris uniforme, leur corps devient multicolore, leur dos vert, leur ventre rouge. Au lieu de se mêler passivement à une bande, chacun s'isole, s'éloigne du groupe et choisit un territoire qu'il s'approprie et qu'il défend contre les autres mâles. Leur intrusion provoque une attitude de menace : gueule ouverte, le « propriétaire » fonce vers l'étranger, puis se détourne de lui ; celui-ci, ainsi informé de son entrée dans un domaine privé, n'insiste pas et se retire.

Une fois tranquille, chez lui, le mâle épinoche dégage un emplacement sur le sable du ruisseau, puis il y accumule des algues et des débris qu'il cimente au moyen d'une sécrétion. Après quoi il creuse, de son museau, un tunnel à travers le monticule qu'il a édifié : son « nid » est construit, il en défend l'approche à ses congénères mâles. Mais, survienne une femelle, il s'efforce de la conduire vers l'entrée du tunnel. Si elle se laisse faire, elle reste quelques instants bloquée dans le passage étroit ; le mâle en profite pour la secouer avec son museau, ce qui provoque la chute des œufs. Une fois qu'elle a quitté la place, il s'y glisse et émet son sperme. La procédure se reproduit avec quelques femelles, après quoi il monte la garde pour interdire toute approche et attend l'éclosion des jeunes. Il veille alors sur eux jusqu'à ce qu'ils sachent constituer un banc homogène ; puis il les abandonne et retrouve une bande dans laquelle il se fond [61].

Dans cette succession de gestes, de choix, de travaux, tout semble concourir au même objectif : assurer la procréation de la génération suivante et protéger les premières étapes de son développement. A chaque phase, chaque détail du comportement correspond exactement

à ce qui est nécessaire pour préparer la phase suivante ;
tel acte n'a aucune valeur en lui-même, il en acquiert uniquement en tant qu'élément d'une chaîne, qui ne trouve
sa justification qu'à son dernier maillon. Tout se passe
comme si un projet, durablement maintenu, orientait les
actes successifs. Où est inscrit ce projet, comment a-t-il
été élaboré ?

La mante religieuse

La mante religieuse est un insecte carnivore ; tout ce
qui bouge lui semble bon à attaquer et à avaler. Si l'on en
croit certains observateurs, cet appétit chez la femelle
n'épargne pas les mâles qui viennent accomplir avec elle
leur devoir de procréateurs. Dès que l'un d'eux s'est
accroché à elle pour copuler, sa situation devient terrible-
ment dangereuse ; à la moindre inattention, la femelle le
dévore ; mais elle n'opère pas au hasard, systématiquement elle commence par la tête. Opérer dans cet ordre
représenterait la meilleure stratégie, car la perte de cet
organe n'empêche pas le mâle de poursuivre sa tâche ;
elle semble même le rendre sexuellement plus actif (en
raison sans doute de la présence dans sa tête de centres
nerveux inhibiteurs). La femelle aurait ainsi mis au point
un comportement qui lui permet de gagner sur tous les
tableaux, obtenant simultanément copulation satisfai-
sante, fécondation et nourriture [12].

Le poisson-pêcheur

Les baudroies ou « poissons-pêcheurs » tirent cette
dénomination de la technique que les femelles utilisent
pour attirer leurs proies. Sur le sommet de leur tête elles

possèdent un long filament dont l'extrémité ressemble à s'y méprendre à un ver et qui, dans certaines espèces, est lumineux. Celles d'entre elles qui vivent dans les profondeurs de la mer ne se fatiguent pas à nager pour attraper les poissons qui seront leur nourriture. Elles se contentent de rester sans bouger sur le fond en s'identifiant le plus possible au paysage. Seul leur « ver » se tortille pour attirer l'attention. Quand un poisson, intéressé, se présente, le « ver » peu à peu se rapproche de la bouche, demesurée, du poisson-pêcheur ; et celui-ci n'a plus qu'à aspirer la proie lorsqu'elle est parvenue à la distance voulue [1].

Quant au mâle, tout aussi paresseux et ingénieux, mais dépourvu de filament, il se contente, dans plusieurs espèces de cet ordre, de mordre une femelle assez profondément pour mettre en communication leurs deux systèmes sanguins. Il reste ainsi définitivement attaché à elle, sans autonomie, mais sans problème de nourriture. « Le mâle est devenu un appendice sexuel de la femelle, une sorte de pénis incorporé » [21]. Il ne jouit d'ailleurs pas pour autant d'une exclusivité, plusieurs mâles peuvent ainsi s'attacher à une même femelle.

Les baleines

J.-Y. Cousteau raconte comment il s'est efforcé de s'approcher, en profitant de la vitesse élevée de son Zodiac, d'une « famille » de baleines, un mâle accompagné de sept ou huit femelles et d'autant de jeunes.

Dès que l'arrivée de l'intrus humain est décelée, le mâle plonge, puis, à son exemple, les femelles et les jeunes. Tous refont surface, groupés, après trois ou quatre minutes, à quelque sept ou huit cents mètres, ce qui est normalement suffisant pour échapper au danger. Mais le Zodiac est rapide et, chaque fois, l'embarcation

1. *Encyclopaedia Britannica,* vol. I, 374.

rejoint rapidement le groupe. Après quelques répétitions du même scénario, les baleines changent totalement de tactique : le mâle, accompagné de la plus grande des femelles, s'enfuit en restant à la surface, faisant même des bonds comme pour se faire remarquer ; pendant ce temps les autres plongent et disparaissent dans une autre direction.

Il ne paraît guère excessif d'interpréter ce comportement comme un leurre, une ruse attirant d'un côté l'attention de l'éventuel prédateur, afin de protéger la fuite de l'essentiel du groupe. Les deux plus forts de la famille concentrent le danger sur eux pour assurer la survie des plus faibles ; comment n'y pas voir intelligence, courage et altruisme ?

On pourrait ainsi multiplier des descriptions tout aussi passionnantes et débouchant sur des interrogations fondamentales. Les exemples les plus étonnants foisonnent (sans aller cependant jusqu'à évoquer le fabuleux « grand Rhou », dont la tête est celle d'un lion, le corps celui d'un lion, tous les organes ceux d'un lion, ce qui est extraordinaire puisqu'il n'est pas un lion ; mais il n'a été étudié que par Woody Allen).

Remarquons que, d'un auteur à l'autre, les mêmes événements sont décrits avec des variantes importantes. Jean Rostand, malgré sa grande admiration pour Fabre, fait remarquer que celui-ci a embelli le tableau ; le talent quasi chirurgical du Cerceris est loin d'être parfait : « D'observations attentives, il ressort indubitablement que Fabre a exagéré la précision, la justesse et la constance des coups d'aiguillon... Ses successeurs ont retiré tout son merveilleux à l'instinct des paralyseurs » [53]. De même nous avons évoqué le comportement de la mante religieuse tel que le décrit R. Dawkins [12, p. 5] ; la présentation des mêmes événements que font d'autres auteurs est nettement moins pittoresque : selon l'*Encyclopaedia Britannica,* le mâle ne court le risque d'être dévoré qu'après la copulation.

Il est certes important que les spécialistes multiplient les observations permettant d'éliminer les erreurs initialement commises, de préciser les conditions de tel geste... Mais, quels que soient les détails, on aboutit toujours au problème central : par quel processus la capacité de développer ces comportements est-elle donnée aux individus ?

L'accumulation des descriptions de comportements présente d'ailleurs un danger. La nature nous offre une telle variété d'attitudes, des problèmes apparemment identiques ont reçu un tel nombre de solutions, parfois opposées, qu'il est possible d'y puiser des exemples pour illustrer à peu près n'importe quelle théorie, si étrange soit-elle. Paul Valéry, en observant que l'Histoire donne des exemples de tout, nous fait comprendre que ces exemples ne peuvent servir de preuve pour rien. Que ne peut-on alors dire des exemples fournis par l'observation des innombrables espèces qui nous entourent ! La tentation est grande, face à tel comportement déconcertant, d'imaginer des motivations complexes, de voir à l'œuvre une stratégie subtile, d'échafauder un modèle explicatif satisfaisant pour notre raison, puis d'admettre que la justesse de ce modèle est démontrée par sa capacité à rendre compte de quelques conduites animales.

Mais, avant d'analyser comment un être vivant développe un comportement, il convient de préciser en quoi consistent les diverses recettes qui lui permettent de se réaliser, et, d'abord, comment il les reçoit.

2. Les voies
de la transmission

Ce qu'est un être vivant dépend, évidemment, de ce qu'il a reçu, que ce soit sous forme de matériau, d'énergie ou d'information. Toute réflexion sur sa progressive réalisation, son « ontogenèse », doit donc s'appuyer sur une connaissance aussi rigoureuse et précise que possible des divers canaux par lesquels cette transmission est réalisée. Étrangement, cette élémentaire exigence de méthode n'est bien souvent guère observée. Au risque de paraître énoncer des évidences, il me paraît nécessaire de décrire avec un détail suffisant la structure des voies utilisées, et les diverses phases des processus qui interviennent. Ce sera l'occasion, au passage, de fixer le vocabulaire, c'est-à-dire de définir le concept évoqué par chaque mot.

Le propre d'un être vivant est d'être l'aboutissement d'une lignée d'êtres vivants. Nous pouvons admettre comme éliminée l'hypothèse prépastorienne de « génération spontanée » ; chaque être a donc des prédécesseurs [1]. Ce qu'il reçoit du monde extérieur peut par conséquent être classé en deux parties : ce qui lui a été fourni par celui ou ceux qui l'ont engendré, ce qui lui a été fourni par le milieu. Pour préciser les apports de ces deux sources, nous allons, comme il est de règle, progresser du cas le plus simple au cas le plus complexe ; cette progression sera illustrée par des schémas représentant les mécanismes étudiés, schémas qui, peu à peu, s'enrichiront de symboles supplémentaires.

---

1. Nous ne nous posons pas ici la question : comment donc cela a-t-il pu commencer ?

Les deux catégories d'êtres unicellulaires

Certains êtres unicellulaires sont restés semblables à leurs lointains ancêtres apparus sur notre Terre il y a quelque 3 milliards et demi d'années. Pour eux, le point de départ de l'aventure individuelle est le dédoublement d'une cellule dite « mère » en deux cellules dites « filles ». Mais ces mots ici sont trompeurs car, dans l'opération, la « mère » disparaît sans laisser de cadavre ; elle ne meurt pas, elle répartit seulement la substance qui la constituait en deux ensembles qui se séparent et deviennent autonomes. On pourrait tout aussi bien prétendre que l'être initial poursuit son existence sous une forme nouvelle, en deux objets géographiquement dissociés, mais qui restent, en raison de leur origine, deux parties d'une même entité ; il la poursuit encore lorsque les divisions ultérieures se produisent et aboutissent à un ensemble de 4, 8... $2n$ cellules toutes identiques. Dans cette vision des choses, l'« individu » n'est plus un être isolé mais un « clone », c'est-à-dire l'ensemble des cellules identiques issues d'une même cellule originelle, ensemble qui représente l'état actuel de l'histoire de cet individu. L'identité des cellules issues d'un même ancêtre commun peut en effet conduire à ne pas les différencier, à confondre individu et population.

Dans un tel cas le schéma du processus élémentaire assurant la succession des êtres vivants est d'une simplicité admirable (voir schéma n° 1).

Cependant il existe d'autres êtres unicellulaires, dont le comportement est totalement différent. Ils jouent un rôle décisif dans l'aventure de chacun d'entre nous, et pourtant nous sommes loin de leur porter l'intérêt qu'ils méritent ; nous raisonnons même, bien souvent, comme s'ils n'existaient pas, ce qui entraîne de graves erreurs. Ce sont les *gamètes,* nom générique donné aux cellules souvent bien mal désignées par le terme de « cellules

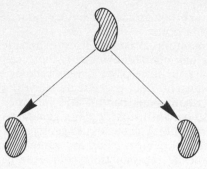

Schéma nº 1

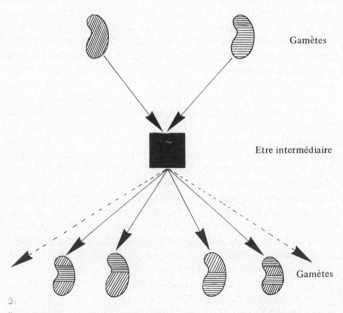

Gamètes

Etre intermédiaire

Gamètes

Schéma nº 2

sexuelles » : spermatozoïdes et ovules pour les espèces
semblables à la nôtre.

Contrairement aux premiers êtres vivants, les gamètes
ne résultent pas du dédoublement d'une cellule mère,
disparaissant pour faire place à deux cellules identiques
qui la reproduisent. Leur procédé de fabrication est tout
différent : ils sont émis par un être intermédiaire, lui-
même réalisé par la fusion de deux gamètes, et cet être
intermédiaire apporte à chacun des gamètes qu'il produit
une combinaison des contenus des gamètes initiaux. A
un mécanisme de reproduction, source de permanente
identité, générateur de nombre mais au prix de l'uniformité, se substitue un mécanisme de « recombinaison »,
générateur d'infinie variété.

Il est représenté par le schéma n° 2, où l'« être intermédiaire » a été figuré par une boîte noire : c'est, bien
sûr, en celle-ci que réside tout le mystère du procédé.

Pour les êtres unicellulaires que sont les gamètes il n'y
a plus d'ambiguïté sur leur individualité, ni sur les
limites de leur histoire. Leur origine est l'instant où le
mécanisme combinatoire fournit la définition de leur
contenu ; leur fin est soit leur fusion avec un autre
gamète, ce qui réalise un nouvel « être intermédiaire »,
soit leur mort (car ils ne disposent pas, eux, du pouvoir
de reproduction).

La nature, disait-on il y a quelques siècles, a « horreur
du vide » ; elle a en fait, beaucoup plus encore, « horreur » de l'uniformité. Mais ne prêtons pas des senti-
ments à la nature ; constatons plutôt que la capacité de
faire apparaître, à chaque stade, des êtres nouveaux, dont
certains peuvent être dotés de pouvoirs encore jamais
manifestés, permet une exploration systématique de
l'univers des possibles, apporte la matière d'une histoire,
se traduit par une évolution. Le procédé de fabrication
par recombinaison est donc beaucoup plus porteur d'avenir que le procédé par reproduction. Et c'est en effet lui
qui s'est largement répandu.

L'existence de deux mécanismes, fondamentalement
différents, de transmission entre les êtres qui se succèdent n'a malheureusement pas assez retenu l'attention.

De nombreuses réflexions sont développées comme si le modèle de référence était constamment la transmission par reproduction, en oubliant que le plus souvent il s'agit de transmission par recombinaison. Pour bien marquer l'opposition entre ces deux procédés de transmission, il est nécessaire de préciser la nature de ce qui est transmis. Lucrèce déjà utilisait l'image des coureurs de relais pour évoquer la succession des générations ; mais en quoi consiste le « témoin » qu'ils se transmettent ?

Ce qui est transmis

Dans le modèle initial, celui des premiers êtres dits vivants, la « reproduction » est permise par l'existence, au sein de chaque être, d'une molécule, ou d'un ensemble de molécules, l'ADN. Formée d'un double brin où se succèdent dans un ordre variable quatre structures chimiques toujours les mêmes, cette molécule est douée de deux propriétés essentielles :

– elle est capable de réaliser une réplique d'elle-même ;

– elle peut induire la fabrication d'autres types de molécules, les protéines, dont la structure est rigoureusement fonction de celle de l'ADN.

Nous ne reviendrons pas ici sur les mécanismes élémentaires à la source de ces deux propriétés ; ils sont décrits dans tous les livres de génétique. Rappelons simplement, pour fixer le vocabulaire, que la fraction d'ADN qui gouverne la fabrication d'une protéine donnée est un *locus,* que le contenu de ce locus (c'est-à-dire la succession, en cet emplacement, d'un nombre variable de chacune des quatre structures chimiques de base) est un *gène* et que la correspondance entre la structure de l'ADN et la structure des protéines est le *code génétique.* On sait maintenant que la fraction d'ADN qui constitue un gène n'est pas nécessairement constituée d'un seul segment de cette longue molécule et que, à quelques exceptions près, le code génétique semble être le même pour toutes les espèces. Mais ceci n'intervient pas dans l'analyse que nous faisons ici.

L'ensemble des recettes de fabrication de protéines contenues dans l'ADN d'un individu constitue son *patrimoine génétique*. Lorsqu'un être unicellulaire se dédouble, il utilise la propriété de reproduction de l'ADN qu'il contient ; les deux cellules filles reçoivent donc chacune le même patrimoine génétique, qui leur permettra de réaliser les mêmes protéines ; c'est en ce sens précis qu'elles sont identiques.

Pour être fidèles à la réalité, il nous faut donc remplacer le schéma n° 1 qui représente l'apparence, l'ensemble des caractéristiques, de l'être qui se dédouble et de ses deux successeurs, par le schéma n° 3 où chaque être est représenté par l'ensemble des recettes de fabrication qu'il possède, et qui gouvernent la réalisation de ses caractéristiques. Sur ce schéma chaque locus est représenté par un grain ; la « couleur » de ce grain, noir, gris, blanc, correspond au contenu de ce locus, c'est-à-dire à la nature du gène qui l'occupe. La reproduction de la cellule initiale résulte simplement de la duplication de la molécule d'ADN qu'elle contient ; la séquence des grains est, chez chaque cellule « fille », rigoureusement identique à la séquence présente chez la cellule « mère » ; les protéines fabriquées à partir de ces gènes seront donc également identiques.

Par contre, dans le cas d'une transmission par recombinaison, les choses sont beaucoup moins simples, en raison de la phase supplémentaire constituée par l'« être intermédiaire » résultant de la fusion de deux gamètes. Cet être dispose, lui, d'un double patrimoine génétique ; pour chaque type de protéine, il possède deux recettes de fabrication qui ne sont pas nécessairement identiques. Son mécanisme de réalisation des substances qui le constituent est donc à double commande.

Du point de vue de la production de nouveaux gamètes par cet être intermédiaire, seul point de vue qui, provisoirement, nous intéresse ici, l'événement décisif est l'intervention d'un processus jouant exactement le

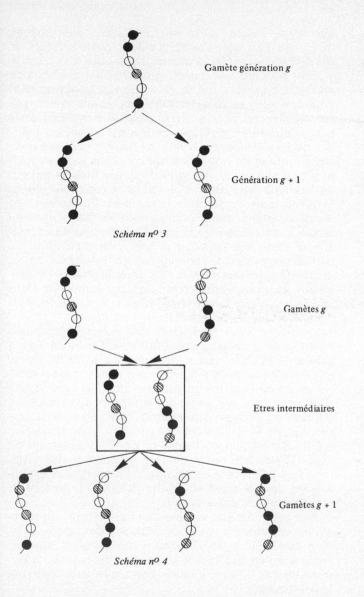

Gamète génération *g*

Génération *g + 1*

Schéma nº 3

Gamètes *g*

Etres intermédiaires

Gamètes *g + 1*

Schéma nº 4

rôle d'une loterie ; cette loterie désigne, pour chaque locus, soit l'un, soit l'autre des deux gènes présents, et elle accorde à chacun la même probabilité.

Nous pouvons maintenant compléter notre schéma en précisant un peu ce qui se passe dans la « boîte noire ». Pour cela nous ne caractérisons plus chaque gamète par son apparence, ses caractéristiques, ses propriétés, mais par le patrimoine génétique qu'il a reçu et qui lui a permis de les développer. Il faut ici insister sur le changement profond de notre description : nous ne nous intéressons plus à ce qui est réalisé, mais aux instructions qui ont entraîné cette réalisation. Nous ne regardons plus la machine, mais les plans de la machine. En fait, il s'agit moins de plans, étalés comme tous les plans dans un espace à deux dimensions, que d'instructions mises bout à bout dans une structure à une seule dimension. Le patrimoine génétique est consitué par l'ensemble de ces instructions, ensemble à la fois unidimensionnel et granulaire, chaque « grain » correspondant à un locus. Dans la boîte noire que nous avons évoquée, deux patrimoines coexistent, ou plutôt le patrimoine est double.

En chaque locus deux gènes sont présents, provenant l'un d'un des gamètes qui ont fusionné, l'autre du second gamète. Ces deux gènes peuvent soit avoir la même structure, donc induire la fabrication des protéines identiques – l'être qui les possède est alors dit homozygote pour ce locus –, soit avoir des structures différentes – il est alors dit hétérozygote pour ce locus. Dans ce second cas, lors de la réalisation des gamètes de la génération suivante, c'est l'un ou l'autre de ces deux gènes qui est copié. Il est clair que le nombre de gamètes ainsi réalisables est fabuleusement grand (2^n s'il y a n locus hétérozygotes, soit, si n est de l'ordre de 300, un nombre de 100 chiffres, un milliard de fois plus qu'il n'y a de millimètres cubes dans le volume de l'univers qui, apparemment, nous entoure ; or, pour la plupart des espèces, n est bien supérieur à 300). Chacun des gamètes produits reçoit ainsi un patrimoine génétique original, définitivement unique, à partir duquel il réalise les substances qui le constituent.

Mais le schéma n° 4, s'il va plus au fond des choses, est cependant incomplet : les êtres réalisés n'y figurent pas. Pour être vraiment conforme à la réalité, force est de faire un dessin plus complexe qui décrit simultanément la transmission du patrimoine génétique et la réalisation, à partir de ce patrimoine, de chaque être, qu'il soit un gamète ou un être intermédiaire.

Nous mettons ici en évidence la difficulté qui est sans doute au cœur de la plupart des controverses que suscite la sociobiologie : la nécessité de tenir un double discours. Il nous faut en effet tenir compte à la fois, d'une part, des événements qui se produisent dans l'univers du patrimoine génétique, transmis, de génération en génération, des gamètes aux êtres intermédiaires puis de ceux-ci aux gamètes, et, d'autre part, des événements qui concernent les êtres successifs réalisés à partir de ce patrimoine. Sur le schéma n° 5 nous avons séparé ces deux ensembles d'objets et d'événements en les représentant sur deux plans ; le premier ensemble est classiquement appelé l'univers des « génotypes », le second, celui des « phénotypes ».

Il importe d'insister sur le fait que les diverses flèches de ce schéma n'ont pas toutes la même signification. Les flèches situées dans le plan vertical des génotypes représentent la transmission d'informations, ou plus exactement de structures chimiques porteuses d'informations ; les flèches horizontales représentent l'apport de ces informations dans la réalisation des phénotypes. Ces flèches horizontales correspondent donc à l'*ontogenèse,* c'est-à-dire à la réalisation de l'individu à partir du signal de départ qu'a été la constitution de son patrimoine génétique. Mais cette ontogenèse nécessite d'autres apports de matériaux qui sont, bien sûr, fournis par le milieu.

Pour bien comprendre l'articulation des rapports entre les « objets » représentés sur le schéma n° 5, qu'ils soient des patrimoines génétiques figurés sur le plan de gauche, ou des êtres vivants figurés sur le plan de droite, des métaphores sont utiles. Par exemple, celle, plus abstraite, de la musique ou celle, plus concrète, de la cuisine. Le patrimoine génétique est une partition, celle-ci ne se

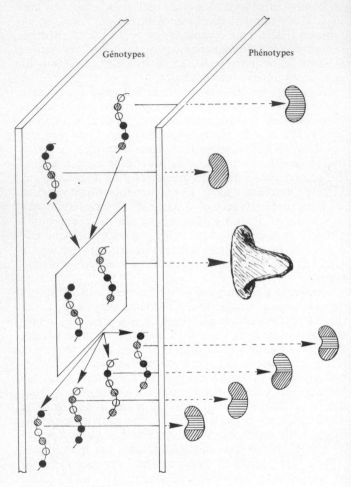

Schéma nº 5

transforme en musique et en plaisir de l'auditeur que par l'intervention de l'instrument et du musicien ; le patrimoine génétique est un livre de cuisine, celui-ci n'aboutit à un plat que grâce aux produits achetés au marché et à l'action du cuisinier.

Dans les cas les plus simples, le résultat de ce processus de fabrication dépend essentiellement du patrimoine génétique. Si les matériaux voulus ne sont pas disponibles dans le milieu, le mécanisme est enrayé, rien n'est réalisé, le patrimoine génétique reste lettre morte ; s'ils sont présents, tout se passe de façon préétablie, l'aboutissement n'est que le résultat des instructions présentes. Dans le premier cas, le résultat obtenu peut être présenté comme ayant dépendu à 100 % du milieu, dans le second cas, à 100 % du patrimoine génétique.

Mais, le plus souvent, les choses sont beaucoup moins évidentes. Selon les apports du milieu, le mécanisme de l'ontogenèse peut s'orienter dans des directions variées ; que tel matériau fasse défaut et tel processus s'effacera au profit d'un autre ; que tel autre ait une structure différente de la norme, et une bifurcation se produira, menant à un autre aboutissement. Le résultat est cette fois fonction aussi bien de l'état du milieu que du contenu du patrimoine génétique ; il résulte de leur interaction. Et cette interaction est d'autant plus complexe que le patrimoine génétique est plus riche, capable de définir des processus plus enchevêtrés. C'est là tout le problème dit « de l'inné et de l'acquis ». Bien souvent, l'ayant ainsi posé, on cherche à le résoudre en précisant les « parts » de ces deux ensembles de facteurs dans l'aboutissement ; or ces parts, nous y insisterons au chapitre 7, ne peuvent être définies que dans le cas où l'interaction des divers facteurs se ramène à une addition, cas qui n'est pratiquement jamais rencontré dans la réalité.

Cette complexité est évidemment plus grande pour ceux que nous avons appelés les « êtres intermédiaires » que pour les gamètes unicellulaires, puisque leur patrimoine génétique est double. Leur réalisation est l'aboutissement d'une succession d'événements orientés aussi bien par l'inné que par l'acquis. Cependant lorsque, seul

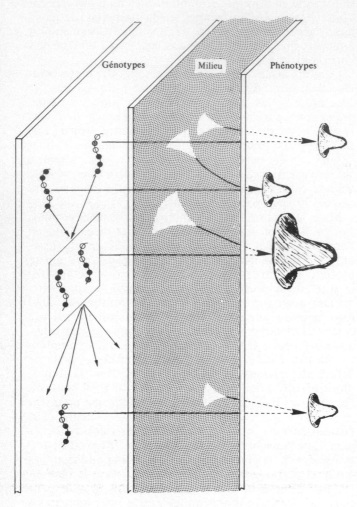

Schéma nº 6

acte que nous ayons jusqu'à présent pris en considération, ils émettent un gamète, le contenu de celui-ci ne
dépend pas de cette réalisation. Peu importent les péripéties de leur aventure personnelle ; tout gamète émis
par eux reçoit la moitié de ce qu'eux-mêmes avaient
reçu. Cette aventure personnelle n'intervient pas, elle
s'est déroulée dans un autre « univers ». C'est dans ce
sens que l'on peut affirmer : il n'y a pas « hérédité des
caractères acquis ».

Il nous faut donc retoucher à nouveau notre schéma en
symbolisant par de multiples flèches les apports du
milieu. Ces apports contribuent à l'achèvement de
chaque être, et notamment de chaque être intermédiaire.
Celui-ci peut être, dans la phase actuelle de notre présentation, considéré comme un bourgeonnement provisoire
et de peu d'importance, apparu, inutilement, à partir du
patrimoine génétique ; ce qu'il a reçu du milieu, ce qu'il
est devenu n'a aucune influence sur le contenu génétique
de ce qu'il transmet. Il nous faut cependant, et c'est la
novation du schéma n° 6, représenter l'apport du milieu,
complémentaire de l'apport génétique. Les flèches qui le
symbolisent ont leur origine dans un nouvel « univers »,
celui du milieu, de l'environnement, figuré par un troisième plan, parallèle à ceux des génotypes et des phénotypes.

Les êtres intermédiaires prennent de l'importance

Il se trouve que les êtres intermédiaires, présentés jusqu'ici seulement comme un « truc » astucieux permettant
de fabriquer des gamètes systématiquement nouveaux, ne
se sont pas contentés de leur rôle d'urne, où la génération
suivante de gamètes vient puiser au hasard ses gènes
constitutifs. Profitant de leur richesse génétique, ils ont
développé des aventures inattendues. Ces aventures sont
bien sûr des impasses, elles débouchent toutes sur la

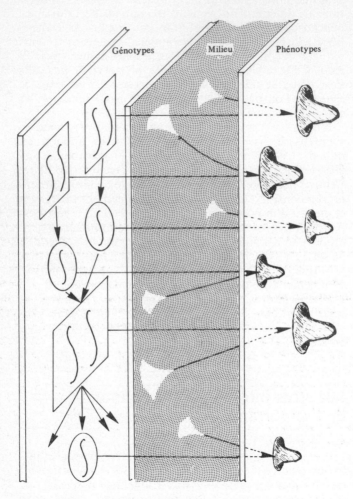

Schéma nº 7

mort, alors que les gènes, eux, sont potentiellement éternels ; mais elles sont si nombreuses et si riches d'événements qu'elles ont bouleversé notre planète. Et surtout, ces aventures ont interagi les unes avec les autres et ont enchevêtré presque sans limites le réseau des influences au cours de la transmission du patrimoine génétique. A la suite de mutations, des changements sont apparus qui ont progressivement complexifié ce processus. Citons-en deux qui ont été particulièrement riches de conséquences.

Dans certaines espèces, les êtres intermédiaires appartiennent à deux catégories bien distinctes désignées par les termes de femelle et de mâle ; les gamètes qu'ils émettent sont également de deux catégories, ovules pour les premiers, spermatozoïdes pour les seconds. De plus, les mécanismes permettant leur rencontre sont tels que seuls peuvent fusionner des gamètes de deux catégories différentes. Cette exigence, à première vue un peu bizarre, a un avantage considérable : elle évite la fusion de deux gamètes issus d'un même individu ; or une telle fusion, au lieu de faire progresser la diversité, a pour effet de la faire régresser. Supposons en effet qu'un individu ait reçu en un certain locus deux gènes, a et b, ayant deux actions distinctes ; il est *hétérozygote* pour ce locus ; son potentiel biologique est riche de deux recettes (alors que les *homozygotes*, qu'ils aient reçu deux a ou deux b, ne sont riches que d'une recette). Les éventuels individus résultant de la fusion de deux gamètes issus l'un et l'autre de cet unique parent seraient pour un quart des homozygotes aa, pour un quart des homozygotes bb, pour la moitié seulement des hétérozygotes ab. L'autofécondation réduit ainsi, à chaque génération, la proportion des hétérozygotes. La séparation des gamètes en deux catégories distinctes, en deux « sexes », constitue un moyen de rendre impossible cette autofécondation et contribue au maintien de la diversité.

Cette classification en deux sexes, aussi bien des êtres intermédiaires que des gamètes, complique évidemment le processus de transmission. Pour les espèces qui ont adopté cette technique, notre schéma n° 6 n'est plus suffisant ; il est nécessaire de marquer le fait que les deux gamètes qui fusionnent pour réaliser un nouvel individu proviennent nécessairement de deux individus distincts ; force est donc de faire figurer deux générations successives.

Remarquons que le mot « génération » peut s'appliquer soit au stade des gamètes, soit à celui des êtres intermédiaires. Dans le premier cas, notre regard ne s'intéresse guère à ces derniers, ce qui correspond à la boutade célèbre : « une poule n'est qu'un moyen inventé par un œuf pour faire un autre œuf ». Dans le second cas, il ignore les gamètes, c'est ce qui est sous-entendu dans notre langage courant lorsque nous parlons des enfants « que nous avons faits » ; en réalité, nous ne savons faire que des gamètes, ce sont eux qui ont « fait » nos enfants. Mes enfants ne sont pas plus « faits » par moi qu'un spermatozoïde émis par moi n'a été « fait » par l'un des gamètes, spermatozoïde ou ovule, dont je suis issu. La lucidité exige de ne négliger ni les uns ni les autres, d'avoir constamment à l'esprit leurs successions intercalées, faute de quoi les raisonnements que nous développons ne sont plus réalistes.

L'histoire biologique d'un groupe peut, dans une perspective à long terme, être décrite avec la même pertinence en étudiant les générations successives de gamètes ou les générations successives d'êtres intermédiaires. Certes les objets décrits sont différents, mais les transformations du patrimoine génétique collectif sont aussi bien racontées par une histoire que par l'autre. Par contre, la recherche des causes de ces transformations nécessitera la prise en compte de toutes ces phases imbriquées.

Il faut notamment remarquer que les flèches situées dans un plan vertical sont toutes situées dans le « plan des génotypes », elles symbolisent la transmission du matériel génétique. Les « êtres vivants », qu'ils soient des gamètes ou des individus à double commande, sont à l'aboutissement de flèches horizontales ; mais rien n'indique une transmission de l'un à l'autre. A ce stade de l'analyse il n'y a pas de flèches entre les objets appartenant au plan des phénotypes. En fait, il va falloir compléter ce schéma en raison d'un second événement survenu au cours de l'évolution.

Dans certaines espèces, la rencontre des gamètes mâle et femelle a lieu à l'intérieur de l'organisme de l'un des producteurs de ces gamètes, celui que l'on appelle par convention la femelle. Ce changement de technique nécessite la mise au point d'un mécanisme de copulation pour lequel la nature s'est montrée particulièrement inventive ; les procédés les plus inattendus sont utilisés par les diverses espèces pour réussir à faire se rencontrer le spermatozoïde et l'ovule [33]. Mais nous ne nous occupons pas ici de ces détails. Nous ne nous intéressons qu'aux conséquences de ces procédés en ce qui concerne la transmission.

Grâce à cette copulation, les premières phases du développement de l'être engendré se déroulent à l'abri, au sein de l'organisme de la femelle qui a produit l'ovule ; la fusion de celui-ci et du spermatozoïde, qui marque le point de départ du processus, est suivie d'une gestation, plus ou moins longue selon les espèces, puis de l'expulsion du jeune en un état de développement plus ou moins avancé. Cette protection initiale a donné leur chance à des mutations entraînant une fragilité de l'embryon, qui l'aurait condamné s'il avait été directement exposé aux agressions du milieu.

De plus, la gestation est l'occasion d'un apport de la mère au jeune, qui enrichit notre schéma d'une nouvelle flèche, située cette fois dans le « plan des phénotypes ». Pour beaucoup d'espèces, cette flèche n'a pas seulement la signification d'un apport matériel. A sa sortie de l'organisme maternel, le jeune est dans un état tel qu'il a besoin d'une période, dont la durée est très variable, de cohabitation avec sa mère. Au cours de cette cohabitation, celle-ci lui apporte des informations qui ne sont plus génétiques ; elles concernent son comportement. Fabriquer des protéines, développer un organe, mettre en place un métabolisme nouveau, il en sait le secret dès l'instant de sa conception ; mais chanter, marcher, voler..., il en apprend pour l'essentiel les techniques après sa naissance.

Nous avons introduit les êtres intermédiaires comme des boîtes où se recombinent les gamètes situés en amont. Le résultat de la loterie qui s'y déroule est un gamète nou-

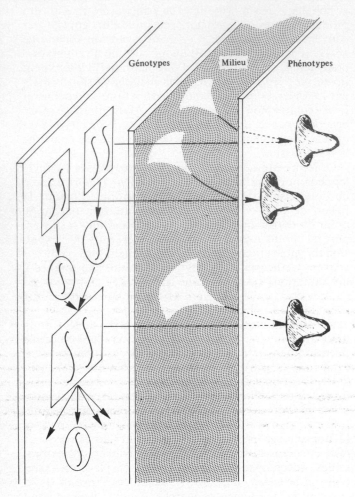

Génotypes   Milieu   Phénotypes

Schéma nº 8

veau. Mais progressivement le rôle de ces êtres a pris de l'importance ; ils ont développé, grâce à leur double dotation génétique, des caractéristiques complexes ; ils sont devenus les acteurs principaux du mécanisme de transmission entre les êtres qui se succèdent. Pour ne pas compliquer outre mesure nos schémas, nous allons ne plus faire figurer qu'eux dans l'univers des phénotypes, l'existence des gamètes intermédiaires n'étant rappelée que dans l'univers des génotypes. Cette attitude, à vrai dire, correspond à un changement profond de point de vue.

Au cours de l'évolution, sont apparues des espèces pour lesquelles la transmission entre la mère et l'enfant, au cours de leur nécessaire cohabitation, a pris une importance nouvelle. Il s'agit surtout des espèces dotées d'une capacité particulièrement remarquable à imaginer, mémoriser et enseigner des comportements. Grâce à un système nerveux central d'une richesse exceptionnelle, certains mammifères, et au premier rang d'entre eux les primates, ont été en mesure de transmettre des informations de plus en plus complexes.

Peu à peu, grâce à cette possibilité de mise en mémoire, l'expérience collective a pu être exploitée et transmise. Le « caractère acquis » qu'est l'expérience vécue par chacun est devenu transmissible. Cette transmission de plus en plus riche, nuancée, subtile, à mesure que le système nerveux central s'est complexifié, n'est pas restée l'apanage de la mère, d'autres membres de la génération précédente y ont participé, et notamment celui qui avait fourni le spermatozoïde décisif, le « père ». Apparaissent ainsi dans notre schéma n° 8 des flèches nouvelles représentant la transmission, non plus dans l'univers des gènes mais dans celui des phénotypes, d'informations supplémentaires permettant non de fabriquer des protéines, mais de mettre au point des comportements.

Sur le schéma n° 8, ces flèches vont uniquement de deux géniteurs à l'individu procréé. Mais, avec le progrès des capacités de mémorisation, d'invention et de transmission, les liens entre individus se sont multipliés ; chacun a reçu des informations d'un nombre toujours plus

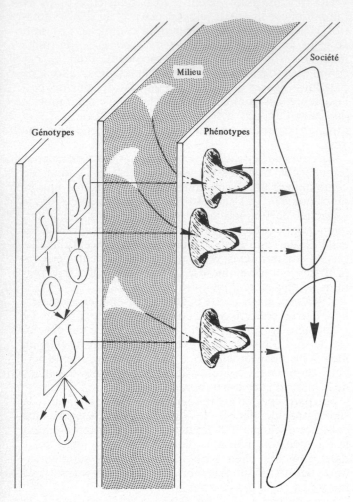

Génotypes

Milieu

Phénotypes

Société

Schéma nº 9

grand de partenaires, qu'ils soient de la génération de ses géniteurs ou de la sienne propre. Le progrès a été particulièrement décisif pour une espèce, la nôtre, qui a su inventer le moyen de transmettre des informations à travers le temps et à travers l'espace. Grâce d'abord au langage et à l'écriture, puis à l'imprimerie et à la radio-diffusion, chaque membre de l'espèce a été mis virtuellement en contact avec tous les hommes, qu'ils soient vivants ou morts, proches ou distants. Tous peuvent contribuer à lui fournir ce qui est nécessaire pour devenir réellement un homme à part entière.

Du coup, il nous faut, pour être fidèles à la réalité de notre espèce, compléter notre schéma en représentant l'influence de la totalité de la société sur chaque individu. Pour tenir compte du fait que cette influence est plus globale, plus collective que celle allant des seuls géniteurs à l'individu engendré, il est de bonne méthode de la situer sur un plan distinct : après celui des gènes, puis celui du milieu et celui des individus, nous introduisons maintenant le plan de la société. D'une génération à l'autre, une flèche verticale située dans ce plan représente la transmission du patrimoine culturel collectif ; d'une société à l'un de ses membres, une flèche horizontale allant du plan de la société au plan des phénotypes représente l'apport de celle-ci à celui-là. Elle est symétrique de la flèche représentant l'apport du patrimoine génétique à l'individu. Mais une différence essentielle intervient : nous avions admis, en raison de l'absence d'hérédité des caractères acquis, qu'aucune flèche n'allait de l'individu vers son patrimoine génétique ; celui-ci reste inaltéré, insensible aux événements subis ou provoqués par l'être qui parcourt, au long de sa vie, une aventure personnelle. Par contre, la flèche qui va de la société à l'individu s'accompagne d'une flèche inverse : l'action de chacun modifie, enrichit le patrimoine culturel collectif.

On peut, certes, faire intervenir ce quatrième « univers du discours » pour bien des espèces animales, mais il est clair que son importance est particulièrement décisive dans l'espèce humaine. Il ne suffit pas, pour être un homme, d'avoir des gènes d'homme, ils sont nécessaires, mais ils ne sont pas suffisants. Pour devenir un homme, il faut aussi bénéficier des apports d'autres hommes. Les gènes fournissent les recettes de fabrication qui aboutissent à des muscles, des os, des circuits nerveux compatibles avec la marche sur deux membres, mais les enfants sauvages marchent à quatre pattes ; les gènes gouvernent la réalisation d'un larynx permettant de parler, mais les enfants sauvages poussent des cris inarticulés. Pour marcher sur deux jambes, pour parler, des hommes sont nécessaires qui apprennent au petit d'homme à utiliser les possibilités offertes par la nature.

Nous aboutissons ainsi au schéma n° 9 dans lequel chaque individu est à l'aboutissement de trois flèches issues de son patrimoine génétique, de son milieu, de la société dont il fait partie. Nous n'avons pas fait figurer ici les flèches allant de la mère et du père à l'enfant introduites sur le schéma n° 8. Certes ces voies de transmission sont utilisées, mais les modalités de cette transmission dépendent de la société à laquelle ils appartiennent. Il peut donc paraître de meilleure méthode d'inclure le lien symbolisé par ces flèches dans celui, moins direct mais plus global, qui transite par l'« univers de la société ».

Dès que notre analyse de la façon dont évolue une caractéristique quelconque concerne un groupe humain, nous sommes obligés de prendre en compte l'ensemble des processus à l'œuvre. Certes le schéma n° 9, qui les décrit, est loin de l'admirable simplicité des schémas n°s 1 ou 2 ; mais c'est lui qui correspond à la réalité. Les hommes ne sont pas des algues bleues ; vouloir réfléchir au processus de transmission et d'évolution de tel ou tel comportement comme si les événements et les influences décrits par le dernier schéma pouvaient être résumés par le premier, c'est éliminer l'essentiel de la complexité et se condamner, pour raisonner simplement, à raisonner faux.

Nous allons maintenant constater qu'une complexité supplémentaire est introduite lorsque l'on analyse l'ontogenèse, c'est-à-dire la réalisation de chaque individu à partir du signal de départ qu'est son patrimoine génétique.

3. Ontogenèse du prévisible

Il est classique d'opposer les « objets inanimés » et les « êtres vivants ». Mais la frontière n'est guère évidente. Bien sûr, les performances dont sont capables les seconds nous paraissent d'une autre nature et surtout d'une autre ampleur que celles des premiers ; mais ce n'est là qu'un point de vue subjectif. Il est plus conforme à la nature des choses de remplacer cette opposition brutale par la continuité d'un passage progressif d'une catégorie à l'autre. Une telle continuité peut être effectivement obtenue en classant les objets étudiés en fonction de leur position le long d'une échelle caractérisant leur « complexité ». Les structures matérielles simples sont soumises à la fatalité des effets sur elles de leur environnement, elles sont dites inanimées. Les structures hyper-complexes jouissent à nos yeux de propriétés (nous y insisterons dans le prochain chapitre) qui nous amènent à admettre qu'elles sont auto-organisatrices, c'est-à-dire, dans une certaine mesure, autonomes ; elles sont dites vivantes. Mais on ne peut tracer sans arbitraire la limite entre la simplicité et l'hyper-complexité. L'opposition initiale, si commode dans le discours, disparaît.

Pour obtenir une classification tranchée des objets et des êtres, il est de bonne méthode de ne pas la fonder sur les capacités qu'ils manifestent, mais sur la possession ou non d'une structure chimique bien définie, l'ADN, dont on sait qu'elle est à l'origine des processus qui permettent à un ensemble matériel de s'organiser et de se perpétuer. Nous l'avons vu, ces molécules sont dotées essentiellement de deux pouvoirs :

– elles sont capables de se reproduire, ce qui permet leur transmission d'un être à ses descendants ;

– elles sont capables de diriger la synthèse d'autres molécules, les protéines, ce qui permet la réalisation concrète de ces descendants à partir du stock initial d'informations biologiques.

Le chapitre précédent a montré l'importance, mais aussi les limites, du premier pouvoir dans le processus de passage du témoin entre les générations. Analysons maintenant les conséquences du second dans l'ontogenèse des divers « objets » de notre discours, êtres vivants ou collections d'êtres vivants. Dans le schéma n° 5, cette ontogenèse est représentée par une flèche horizontale ; elle symbolise le lien entre la structure chimique de l'ADN et celle des protéines qui vont, peu à peu, constituer l'être vivant, puis mettre en place, grâce à leurs interactions, les divers métabolismes qui assurent, provisoirement, sa survie. Cette flèche est le signe d'un processus déterministe entre l'ADN et la protéine ; la connaissance de la première implique celle de la seconde. Cependant, même chez les êtres élémentaires, la métaphore classique est trompeuse qui compare l'ADN à un programme se déroulant inexorablement, tel celui d'un ordinateur insensible aux événements qui se produisent dans son environnement. En réalité, un gène n'est qu'une structure chimique ; comme telle, il ne sait faire qu'une chose : réagir en face d'une autre structure chimique. Un gène, isolé, reste muet ; il ne peut « s'exprimer » que si l'occasion lui en est fournie par le contenu de l'espace qui l'entoure, par le milieu. Ce n'est que par un abus de langage, à vrai dire bien pratique, que l'on considère un segment d'ADN comme porteur d'une « recette » de fabrication. De l'acide chlorhydrique et de la soude, lequel est porteur de la « recette » aboutissant à la réaction violente qui se produit lorsqu'ils viennent en contact ?

Lorsqu'il s'agit de réaliser telle protéine, le résultat de l'interaction gène-milieu est facilement décrit : ou bien le milieu apporte les éléments voulus et la protéine est synthétisée selon la séquence d'acides aminés qui correspond rigoureusement à la séquence de l'ADN, ou bien certains de ces éléments ne sont pas disponibles et rien n'est produit. Le résultat final dépend donc à la fois du gène responsable et du milieu, et l'on est alors tenté de poser la question : dépend-il plus du gène ou plus du milieu ? Même dans ce cas idéalement simple, la réponse est (comme nous l'avons vu p. 37) à deux volets : si la protéine est réalisée, elle est à 100 % le reflet de l'information génétique ; si elle ne l'est pas, cet échec résulte à 100 % d'une carence du milieu.

La recherche des « parts » attribuables à l'un et à l'autre dans l'aboutissement de leur interaction est donc, même dans ce cas élémentaire, dépourvue de signification.

Les choses se compliquent infiniment dès que l'on prend en compte non plus la réalisation d'une protéine isolée, mais la mise en place de tout un métabolisme faisant entrer en ligne de multiples produits. Dans certains cas, il peut suffire d'une seule modification dans la séquence de l'ADN correspondant à l'un des gènes impliqués pour que tout l'édifice biologique soit anéanti. Tel est le cas bien connu du remplacement en sixième position de la chaîne β de l'hémoglobine d'un acide glutamique par une valine ; ce seul changement modific de façon si décisive la forme et le fonctionnement des hématies que les individus homozygotes pour cette mutation meurent d'anémie ou d'accidents vasculaires ; ils sont victimes de l'*anémie falciforme* si répandue dans certaines régions d'Afrique. Une erreur infime, le remplacement par une autre d'une seule base du long ruban d'ADN qui, chez l'homme, en comporte au total 3,2 milliards, peut ainsi suffire à annuler toutes les réussites obtenues dans la mise en place des autres caractéristiques ; ce qui peut être interprété comme mettant en évidence l'extrême fragilité de l'édifice.

Dans d'autres cas, au contraire, des compensations se produisent, et, malgré de multiples changements par rapport aux structures élémentaires « normales », aucune anomalie n'apparaît dans le fonctionnement des organes concernés, ce qui peut être interprété comme une preuve de l'extrême robustesse de l'édifice. Tel est le cas de la plupart des polymorphismes décelés par les techniques d'électrophorèse : certaines protéines ayant des fonctions particulières, les enzymes, sont soumises expérimentalement à l'action d'un potentiel électrique ; on constate très fréquemment que les divers individus présentent pour une même enzyme des profils électrophorétiques différents, ce qui est le signe du remplacement d'un ou plusieurs acides aminés par d'autres. Et pourtant, le plus souvent, aucune différence dans les activités métaboliques de ces enzymes n'est décelable.

Le lien entre la cause – le patrimoine génétique – et l'effet – le processus vital mis en place – est donc très variable selon les cas. Une cause infime peut avoir des effets décisifs, mais il est tout aussi vraisemblable que des compensations interviennent, camouflant totalement l'intervention de multiples causes qui, prises isolément, auraient pu avoir des conséquences désastreuses. Nous sommes ici face à une difficulté que nous analyserons plus en détail au chapitre 11 : l'impossibilité de remonter des effets aux causes, lorsque celles-ci sont nombreuses et interviennent par l'intermédiaire de processus enchevêtrés.

Or, dès que l'on quitte les schémas simples, n°s 1 ou 3, de transmission par reproduction, le mécanisme dont on analyse les effets est étrangement complexe. Pour comprendre d'où viennent les caractéristiques exhibées par un gamète, il faut savoir ce qui s'est passé dans l'« être intermédiaire » qui l'a émis ; or nous n'avons pas accès à cette boîte noire. Le patrimoine génétique dont il dispose provient pour moitié des deux gamètes qui l'ont produit ; c'est tout ce que nous savons. La difficulté est si grande que nous n'avons guère l'habitude de nous interroger sur le lien entre les gamètes, pris individuellement, appartenant à la génération g et ceux de la génération précédente g-1. Et pourtant il y a entre eux, nous l'avons vu, un rapport de procréé à géniteurs. Les spermatozoïdes qu'émet M. A, les ovules qu'émet Mme B sont les « fils » et les « filles » des spermatozoïdes et des ovules qui ont fusionné pour réaliser A ou B, tout autant que les enfants sont les fils et les filles de leurs parents.

Par contre, le lien entre les « êtres intermédiaires » appartenant aux générations successives est une question constamment posée. Elle est même la question à partir de laquelle s'est développée la réflexion des généticiens : comment expliquer la ressemblance entre les parents et les enfants ? Cette ressemblance n'est pas un mythe, elle est quotidiennement observable ; elle doit donc résulter d'un processus analysable.

Génotype et phénotype

Ce processus est décrit par le schéma n° 5. Entre l'un des parents, disons la mère, et l'enfant, le lien biologique résulte de ce que :
– le patrimoine génétique de la mère influence telle caractéristique observable chez celle-ci ;
– une copie de la moitié de ce patrimoine est envoyée à l'enfant ;
– le patrimoine génétique de l'enfant, complété par une seconde part équivalente venue du père, influence la même caractéristique de l'enfant.

Tous les raisonnements s'efforçant d'expliquer le lien entre la mère et l'enfant sont rendus nécessairement complexes par l'existence irréductible de ces trois étapes, dont chacune est d'analyse délicate : en quoi consiste l'« influence » du patrimoine génétique sur le caractère manifesté par l'individu ? Comment est déterminée la moitié de ce patrimoine effectivement transmise ?

A cette dernière question, une réponse simple peut être fournie à condition de ne pas essayer de pénétrer dans l'enchevêtrement des mécanismes biochimiques qui aboutissent au « choix » de tel ou tel des deux gènes présents en chaque locus. Le nombre des possibles est si élevé qu'il est exclu de les énumérer. Nous l'avons vu, ce nombre est égal à 2^n pour un ensemble de n locus, soit l'équivalent de l'« infini » (au sens physique et non mathématique du mot) dès que n dépasse quelques centaines. Pour prendre une image, remarquons que la durée écoulée depuis le Big Bang ne comporte « que » 500 mil-

lions de milliards de secondes ; il suffit de 60 locus hétérozygotes pour que puissent être produits beaucoup plus
encore de gamètes tous différents.

Il n'y a donc pas d'autre voie que celle du raisonnement probabiliste. Renonçant à prévoir ce qui sera effectivement transmis, nous nous contentons d'admettre que
chaque gène, qu'il vienne de l'un ou de l'autre des géniteurs, a une probabilité d'être transmis égale à 1/2. C'est
là l'essence même des « lois » de Mendel. Remarquons
que d'autres probabilités pourraient être adoptées, privilégiant le gène ayant telle ou telle origine ; encore fau-
drait-il avoir un argument en faveur d'une autre répartition des chances. Le choix de probabilités égales a
résulté, au départ, d'une absence d'arguments ; après
quoi sa justesse a été confirmée par l'accord entre les
observations et les conséquences de ce choix.

Par contre, la question portant sur l'« influence » du
patrimoine génétique ne peut recevoir de réponses globales, tant les cas possibles sont divers et surtout tant le
problème est difficile à poser. En effet, nous confrontons
deux réalités de natures bien différentes :

– le patrimoine génétique, qui est un ensemble unidimensionnel de structures chimiques élémentaires,
situées dans un certain ordre sur le ruban d'ADN,

– et la caractéristique réalisée, par exemple un métabolisme ou un organe. Or ce dernier doit non seulement
acquérir une certaine forme dans notre espace à trois
dimensions, mais aussi se modifier en fonction de l'horloge interne à l'individu qui rythme son développement,
sa maturité, sa sénescence.

A partir d'un donné fourni dans un espace à une
dimension, un résultat est obtenu qui ne peut être décrit
que dans un espace à quatre dimensions !

Il arrive certes que la correspondance entre la présence
de tel gène et la manifestation de telle caractéristique soit
univoque ; mais cette équivalence est rarement ren-
contrée, pour la raison essentielle que l'individu possède,
pour chaque caractère élémentaire, non pas un gène,
mais deux. Même dans le cas, devenu historique et particulièrement simple, de la couleur des pois étudiés par

Mendel, la correspondance n'est pas univoque. En effet les *gènes* présents au *locus* qui gouverne cette couleur sont de deux catégories (chacune est désignée par le terme « classe allélique », ou *allèle*), *j* et *v*. Il y a donc trois combinaisons possibles, trois *génotypes* : *jj, jv, vv,* alors qu'il n'y a que deux phénotypes : jaunes *J* et vert *V*. La correspondance

$$jj \longrightarrow J$$
$$jv \longrightarrow J$$
$$vv \longrightarrow V$$

montre que *v* ne se manifeste pas lorsque *j* est présent, on dit que *v* est « récessif » devant *j,* qui est « dominant » ; l'hétérozygote *jv* correspond au même phénotype que l'homozygote *jj*. Dans un tel cas, la connaissance du génotype implique celle du phénotype, mais la réciproque n'est pas vraie. Le lien entre procréé et géniteurs peut de ce fait paraître paradoxal : deux parents *J* peuvent procréer un *V* (il suffit qu'ils aient été tous deux *jv* et aient transmis leur gène *v*).

Des exemples dont l'explication est tout aussi simple, mais qui sont pour les intéressés dramatiques, sont fournis par de nombreuses maladies dites « génétiques » ; deux allèles sont présents, l'un *n* qui met en place le métabolisme normal, l'autre *m* qui a subi une mutation empêchant la réalisation de ce métabolisme ; la correspondance génotype-phénotype est alors :

$$nn \longrightarrow \text{sain}$$
$$nm \longrightarrow \text{sain}$$
$$mm \longrightarrow \text{malade}$$

Lorsque la maladie est telle que les enfants atteints ne peuvent parvenir à l'âge adulte, tous les malades naissent de couples sains. Le trait résulte d'un processus rigoureusement génétique, et pourtant il semble ne pas être transmissible.

Bien sûr, le nombre d'allèles présents au locus étudié peut être supérieur à 2 ; il peut même être très élevé comme dans le cas des systèmes immunologiques, si le nombre de ces allèles est *x,* le nombre de génotypes est égal à $\dfrac{x(x+1)}{2}$, soit x génotypes homozygotes et $\dfrac{x(x-1)}{2}$ génotypes hétérozygotes. Selon la façon dont les gènes interagissent chez ces hétérozygotes, c'est-à-dire selon leurs rapports de dominance-récessivité, le nombre de phénotypes distincts est variable et peut atteindre $\dfrac{x(x+1)}{2}$.

Interaction génotype-milieu

Les choses ne font que se compliquer encore dès que l'on étudie des caractéristiques pour lesquelles l'ontogenèse fait intervenir à la fois le patrimoine génétique et le milieu (schéma n° 6), ou même l'ensemble du groupe social (schéma n° 9). Il ne peut plus alors être question que d'étudier certains cas particuliers n'ayant guère de portée générale.

Le plus simple est celui des traits dus à une erreur innée du métabolisme, ainsi la maladie dite phénylcétonurie. Dans les conditions normales d'alimentation, les enfants ayant reçu dans leur patrimoine génétique deux gènes mutés m développent inexorablement cette maladie ; leur système nerveux central est progressivement détruit, et ils meurent avant l'âge de six ou sept ans. Par contre, les enfants qui n'ont reçu qu'un gène m associé à un gène non muté n ne sont nullement affectés.

C'est exactement le cas décrit par le tableau de correspondance présenté page 55. Mais, depuis une trentaine d'années, il a été possible de préciser l'erreur métabolique se trouvant à l'origine du processus qui entraîne cette maladie : les réactions de dégradation d'un acide aminé, la phénylalanine, ne sont pas assez efficaces, ce produit s'accumule dans le liquide céphalo-rachidien et empêche le fonctionnement du système nerveux central.

Il a suffi de mettre au point un régime très appauvri en phénylalanine pour éviter cette accumulation néfaste ; le régime doit être suivi durant quelques années jusqu'à ce que de nouveaux processus se mettent en place qui rendent le cerveau résistant à un dosage anormal de phénylalanine.

Pour décrire la correspondance génotype-phénotype, il faut donc tenir compte du type d'environnement ; selon que celui-ci est standard ou appauvri, le génotype *mm* entraîne ou non la maladie :

Milieu *Génotype*	*standard*	*appauvri*
nn	sain	sain
nm	sain	sain
mm	malade	sain

Cet exemple met en évidence combien il est erroné de considérer comme équivalents les qualificatifs « génétique » et « fatal ». Certes, il y a trente ans, la phénylcétonurie, que l'on savait génétique, était fatale ; mais elle ne l'est plus. En fait, ce qui est fatal est l'erreur métabolique qui modifie le cycle de la phénylalanine, et non la maladie qui en résulte si les précautions voulues ne sont pas prises.

Mais cet exemple est particulièrement simple, car ici les modalités du génotype comme du milieu sont peu nombreuses et parfaitement spécifiées. Le plus souvent, on ne peut que soupçonner l'influence du patrimoine génétique sans pouvoir préciser ni le nombre des locus qui interviennent, ni le nombre d'allèles présents à chaque locus. Quant au « milieu », il n'est guère qu'un mot recouvrant une vague entité ; elle consiste en l'ensemble des facteurs qui ont pu influencer la manifestation de la caractéristique étudiée. Devant une telle imprécision, la prudence voudrait sans doute que l'on s'en tienne à une simple description des observations, sans chercher à les expliquer par un « modèle » donnant l'illusion que l'on a pu mettre en évidence le processus à l'œuvre. Cependant, la mise au point de tels modèles peut être utile ; tel est le cas lorsque l'on cherche à évaluer les risques de voir apparaître tel trait, chez un enfant à venir, en fonction des caractéristiques de ses parents ou de divers apparentés.

L'objectif n'est alors plus tout à fait le même que dans, la mise en évidence d'une correspondance entre génotype et phénotype ; il s'agit d'imaginer un modèle compatible avec les observations, et qui rende « mieux » compte de celles-ci que les autres modèles proposés. Pour atteindre cet objectif, c'est-à-dire pour choisir le « meilleur » modèle, il est classique d'utiliser la technique du maximum de vraisemblance : pour chacun des modèles imaginés, l'on calcule la probabilité d'obtenir les résultats qui ont été effectivement constatés, et l'on considère comme « le meilleur » celui auquel correspond la probabilité la plus élevée. Il s'agit là d'un cheminement raisonnable, mais qui ne donne évidemment aucune garantie que le modèle retenu correspond à une quelconque réalité.

De plus, si l'on veut tenir compte de l'ensemble des facteurs qui paraissent intervenir dans l'ontogenèse du caractère, les paramètres à introduire dans le modèle sont si nombreux que l'on se trouve devant un choix quasi infini. Force est de simplifier et de renoncer à une description déterministe faisant figurer telle modalité du caractère face à telle combinaison du patrimoine génétique et du milieu. Pour avancer, l'on se contente d'évaluer les probabilités des diverses modalités pour un nombre limité de ces combinaisons.

Un exemple de cette démarche est fourni par John Stewart [59] à propos de la schizophrénie. Il est clair qu'il s'agit d'une entité aux contours particulièrement flous, mais il n'en est pas moins intéressant de chercher à tirer les conséquences des informations recueillies dans de nombreuses familles où des cas ont été constatés. Le modèle qui, selon J. Stewart, s'est révélé le meilleur, au sens du maximum de vraisemblance, reliait les trois modalités retenues pour ce caractère, « normal », « schizoïde », « schizophrène », aux trois génotypes d'un hypothétique locus, par le tableau de probabilités suivant :

Modalités Génotype	*" normal "*	*" schizoïde "*	*" schizophrène "*
AA	1,00	0	0
Aa	0,95	0,05	0
aa	0,35	0,40	0,25

Autrement dit, dans la population étudiée, tout se passe comme si la possession en double dose du gène imaginaire *a* était nécessaire à la manifestation de la schizophrénie, mais le génotype homozygote *aa* n'aboutirait qu'une fois sur quatre à ce trait.

De la description d'un processus à l'hypothèse d'une liaison

La similitude formelle entre le tableau ci-dessus et ceux fournis précédemment, par exemple, à propos de la phénylcétonurie, risque d'entraîner de graves contresens. En fait, ce que l'on décrit ici représente un lien entre le génotype et le phénotype tout autre que précédemment. Il ne s'agit plus d'un rapport de cause à effet, comme pour la phénylcétonurie, qui se manifeste ou non selon la combinaison génotype × milieu considérée, il s'agit du constat empirique d'une certaine répartition des effets constatés, quand tel facteur, supposé intervenir dans le mécanisme causal, est présent.

Il n'est pas inutile d'insister sur le danger des interprétations hâtives, ou idéologiquement biaisées, de la

présentation de telles corrélations. Pour cela, imaginons
que nous classions les individus appartenant à la population européenne de Brest à l'Oural, en fonction de deux
caractéristiques : d'une part leur phénotype, défini par le
fait qu'ils appartiennent à un pays dit capitaliste ou à un
pays dit socialiste, d'autre part leur génotype, défini par
le fait qu'ils ont ou non, pour le système sanguin *ABO*, le
génotype *BB*.

Phénotype Génotype	capitaliste	socialiste
BB	18 %	82 %
autres	51 %	49 %

Autrement dit, dans la population européenne, pour
les individus de type *BB*, la probabilité d'être « socialiste » est de 82 %, « capitaliste », de 18 % ; alors que
pour l'ensemble des autres génotypes la répartition est
proche de moitié-moitié. D'où viennent donc ces
chiffres ?

Actuellement, sur les 700 millions d'Européens,
350 millions vivent dans des pays à régime dit socialiste,
et autant dans des pays à régime dit capitaliste. Il se
trouve que les premiers sont situés à l'Est, les seconds à
l'Ouest, et que la fréquence de l'allèle *B* décroît régulièrement du centre de l'Asie jusqu'à la pointe de l'Europe. Cette fréquence est en moyenne de l'ordre de 15 %
dans les pays socialistes et de 7 % dans les autres. Il en
résulte que la fréquence des homozygotes *BB*, égale au
carré de la fréquence de l'allèle *B*, est de 2,25 % d'un
côté, 0,49 % de l'autre.

Désignons au hasard un Européen ; la probabilité qu'il
soit le ressortissant d'un pays socialiste est de 1/2, capitaliste de 1/2. Mais si l'on apprend que son génotype est
BB, cette probabilité est modifiée ; pour tenir compte de
cette information il suffit d'appliquer la « règle de trois »

du raisonnement probabiliste qu'est le théorème de Bayes ; il s'écrit ici :

$$P(S/(BB)) = P(S) \frac{P(BB/S)}{P(S)\,P(BB/S) + P(C)\,P(BB/C)}$$

où $P(S/(BB))$ représente la probabilité d'appartenir à un pays socialiste *sachant que* le génotype est *(BB)*, et $P(BB/S)$ la probabilité de trouver un génotype *(BB)* sachant que l'individu observé appartient à un pays socialiste. Il vient donc :

$$P(S/(BB)) = 1/2 \frac{2,25/100}{1/2 \times 2,25/100 + 1/2 \times 0,49/100}$$

$$= 0,82.$$

Devant des résultats aussi « scientifiquement » établis, certains pourraient se croire autorisés à affirmer que la possession de deux gènes *B* provoque une tendance irrépressible vers les options socialistes et que, de façon générale, le système *ABO* est à la base de processus biochimiques qui guident souterrainement nos choix politiques.

Ces affirmations, évidemment absurdes, ne seraient pas plus irréalistes que celles du journaliste qui, lors de la présentation du modèle génétique de la schizophrénie à un congrès de psychiatrie, a salué dans cette communication la découverte du « gène de la schizophrénie ». A ce compte on pourrait désigner l'allèle *B* comme le « gène du socialisme ».

Finalement, les flèches qui, dans nos schémas, vont du génotype et du milieu vers le phénotype ne peuvent avoir qu'un sens bien flou dès que les caractéristiques étudiées résultent d'un enchevêtrement de processus. La connaissance de telle ou telle cause ne permet guère de prévoir l'effet qu'elle provoquera, tant sont nombreuses les interactions qui interviendront. Plus celles-ci deviennent complexes, plus s'évanouit l'espoir de raisonner lucidement, en juxtaposant des mécanismes aussi rigoureux que ceux d'une horloge, ce prototype de la compréhension des transformations que nous observons dans le monde matériel.

Pour poursuivre notre réflexion, force est donc de recourir à un modèle fort éloigné du mécanisme simple et hiérarchisé de l'horloge. Celui que nous proposent aujourd'hui les physiciens tient compte avant tout de l'enchevêtrement des causalités ; le maître mot est maintenant le mot *complexité*.

4. Complexité
   et auto-organisation

Du Dieu des horloges au démon des fournaises

Face à une structure matérielle qui évolue, nous cherchons à expliquer ses transformations en recourant aux concepts les plus clairs et les moins nombreux possibles. Ces concepts, nous les ébauchons, puis nous les mettons au point, de préférence à propos de structures que nous réalisons nous-mêmes, les « machines ». Au XVIIIᵉ siècle les machines les plus élaborées, les plus réussies, les plus fascinantes, sont les horloges : leurs aiguilles tournent à la vitesse voulue grâce à une succession d'engrenages s'entraînant l'un l'autre, à un astucieux système de pendule assurant la constance du rythme, et surtout à deux poids entretenant, par leur participation à la gravitation universelle, le mouvement de l'ensemble. Émerveillé par cet outil qu'il la créé, l'homme attribue au Créateur la capacité de faire aussi bien ; du coup l'univers est expliqué par l'action d'engrenages ou de leurs équivalents, et Dieu est désigné comme le grand horloger.

Au XIXᵉ, la machine reine est la machine à vapeur. Certes, elle comporte encore engrenages, poulies et courroies, mais elle n'a plus besoin pour entretenir son mouvement du recours aux effets de la gravitation ; il lui suffit du combustible enfourné dans sa chaudière. Le concept central devient celui d'énergie. Notre regard sur l'univers n'est plus le même : partout nous voyons dans les substances des sources, plus ou moins fécondes, d'énergie ; nous expliquons les transformations qui se produisent par des apports d'énergie ; nous exprimons les conditions d'équilibre en termes d'énergie. Les lois fondamentales de l'univers sont donc celles qui concernent l'énergie. Or ces lois sont merveilleusement simples ; on en fait des « principes », c'est-à-dire des affirmations premières, posées comme telles et non comme résultat d'un raisonnement. Ce sont les fameux principes de la thermodynamique, au nombre de deux :

1. dans un système isolé, la quantité totale d'énergie reste constante ;

2. dans un système isolé, la qualité moyenne de l'énergie ne peut que décroître, ce que l'on exprime en termes plus savants en disant que l'« entropie » est croissante.

En effet, les diverses formes que peut présenter l'énergie : électrique, chimique, potentielle, calorifique... ne sont pas équivalentes ; il est aisé de produire de la chaleur si l'on dispose d'électricité, mais le cheminement inverse est moins facile et ne peut être réalisé sans déperdition. Le second principe constate cette loi de la nature : au cours des transformations d'une structure matérielle, la part de l'énergie la moins noble, la chaleur, ne peut que s'accroître. Peu à peu, les formes d'énergie correspondant à une structuration de la matière disparaissent, les organisations s'effondrent, l'ordre fait place au désordre. L'aboutissement ne peut être, à la longue, qu'un ensemble indifférencié, terne, morne, de particules animées de mouvements browniens, aléatoires. Triste perspective que l'on est bien contraint d'admettre si l'on veut être réaliste.

Ce regard sur la réalité du monde physique a été étendu au domaine de l'information. Toute transmission d'un message s'accompagne d'un amenuisement de son contenu ; du bruit s'introduit qui, peu à peu, déforme et modifie de façon imprévisible la signification initiale. L'expérience de la confidence transmise successivement de bouche à oreille le montre facilement ; à l'arrivée la phrase prononcée n'a plus grand-chose en commun avec la phrase initiale.

Ces principes se sont révélés remarquablement efficaces dans la description des phénomènes physiques, et dans la mise au point des machines ; mais, en raison même de cette efficacité, ils se sont peu à peu imposés comme la toile de fond devant laquelle nous reconstruisons tous les éléments dc l'univers qui nous entoure. Et cette toile de fond donne à notre vision du devenir du monde une tonalité de désastre inéluctable, de déroute définitive ; la confusion, le chaos, le tintamarre dépourvu de sens ne peuvent que se généraliser. Quels que soient nos efforts, l'aboutissement de l'aventure ne peut être qu'une banqueroute. Au Dieu attentif qui veillait à la pérennité de l'ordre des choses, s'est substitué le démon malveillant qui impose le déferlement inévitable du désordre. Le feu, l'image même de l'énergie, n'est-il pas également l'image des puissances infernales ?

Dans cette description du monde réel, un domaine cependant fait tache : l'ensemble des êtres dits vivants. Ils sont, comme tous les objets qui constituent l'univers, faits des briques élémentaires que sont les protons, les neutrons, les électrons ; leurs éléments n'ont rien de spécifique. Et pourtant leur histoire n'est guère conforme à ce qu'annonce le second principe de la thermodynamique. Depuis quelque trois milliards d'années, ces êtres n'ont pas, collectivement, subi une détérioration de leur structure ; tout au contraire ils l'ont régulièrement enrichie. Entre les algues bleues initiales et les vivants d'aujourd'hui, la différence est claire, mais elle est le contraire d'une victoire du désordre. Les vivants seraient-ils dépositaires d'un secret, d'une vertu spéciale, qui leur permet d'échapper à la loi commune ?

Le paradoxe du monde vivant

Bien sûr, il est possible de résoudre la difficulté en acceptant ce pouvoir mystérieux de la « vie ». Mais le recours à une telle explication n'est guère dans la ligne de l'effort scientifique ; la règle du jeu qu'impose la discipline de la science est de définir des « lois » ayant la plus grande généralité possible. Accepter un ordre particulier pour le « vivant », c'est accepter de se payer de mots.

On peut également présenter l'aventure de la vie sur notre planète comme un accident, une évolution locale et provisoire camouflant le processus à long terme qui ne peut aboutir qu'à la mort ; ainsi un tourbillon peut donner l'illusion que l'eau peut remonter vers la source, alors qu'elle finira nécessairement par aboutir à la mer. Cependant, une histoire longue de plus de 3 milliards d'années peut-elle être considérée comme un tourbillon provisoire, comme un phénomène local sans avenir, quand l'histoire totale de l'univers n'a qu'une durée de l'ordre de 15 milliards d'années ?

La pensée scientifique du XXe siècle nous présente les choses sous un tout autre éclairage. Elle élimine tout d'abord la référence abusive au second principe de la thermodynamique en faisant remarquer que celui-ci est, par définition, valable pour les structures *isolées* et que de telles structures ont pour première caractéristique d'être fort rares. Autour de nous les objets que nous voyons, étoiles, machines ou êtres vivants, sont tous des structures matérielles non isolées. Elles reçoivent des flux d'énergie ou d'informations et elles en émettent ; elles sont, pour reprendre la terminologie de Prigogine [48], des « structures dissipatives ». Ce qualificatif est particulièrement bien choisi. Il évoque le fait que ces structures dissipent ce qu'elles possèdent ou ce qu'elles reçoivent, ce qui leur associe l'idée d'un certain gaspillage ; mais il évoque aussi le comportement d'un enfant dissipé, donc turbulent, indiscipliné, et surtout imprévisible. Et cette imprévisibilité est, nous le verrons, au cœur même de notre analyse de leur évolution.

Certes, on peut admettre que l'univers, dans son entier, est bien réellement une structure isolée. Mais le concept d'univers est-il seulement définissable ? Affirmer qu'il est isolé est dire que rien ne traverse ses frontières ; mais il ne peut avoir de frontières, puisque celles-ci sépareraient ce qui appartient à l'univers de ce qui ne lui appartient pas, alors que, par définition, tout lui appartient. On retrouve ici les difficultés, maintenant bien analysées, rencontrées par ceux qui acceptaient l'existence de l'« ensemble de tous les ensembles ».

Les principes de la thermodynamique seraient-ils donc inutiles puisqu'ils ne s'appliquent guère aux objets réels ? Certes non ; ils constituent une référence idéale semblable à celle que constituent les propriétés des gaz dits « parfaits ». Aucun gaz n'est parfait, mais la connaissance des lois auxquelles obéiraient ces substances imaginaires est nécessaire pour comprendre ce qui se passe dans le cas des gaz que nous observons concrètement. Encore faut-il ne pas extrapoler abusivement les conclusions, valables dans le cas imaginaire idéal, à la réalité que nous essayons de comprendre. L'extrapolation aux structures non isolées reste possible sans trop de distorsion lorsque la structure réelle se trouve dans des conditions pas trop éloignées de l'isolement parfait ; mais cela n'est manifestement pas le cas des organismes vivants dont l'une des caractéristiques essentielles est d'entretenir un flux perpétuel et intense d'échanges avec l'environnement.

Pour les représenter, il est donc nécessaire de nous référer aux propriétés spécifiques des structures dissipatives. Quelles sont-elles ?

La quantité et la qualité de l'énergie du système étudié n'ont plus de raison d'obéir aux deux « principes » de la thermodynamique, puisque les apports de l'extérieur et les dissipations vers l'extérieur minent les hypothèses sur lesquelles ils se fondent. Force est de caractériser ce système par d'autres paramètres.

Imprévisibilité et hasard

Ceux que propose la réflexion scientifique du xxᵉ siècle ne sont pas d'un abord aisé ; les termes mêmes qui les désignent risquent de nous fourvoyer. Avant de les définir, il est utile de s'arrêter sur l'écart entre la signification réelle d'un concept utilisé par la physique d'aujourd'hui, celui d'*incertitude,* et la connotation dont il est accompagné. Avec son préfixe négatif, ce mot, incertitude, sonne comme un aveu d'impuissance, une acceptation d'incapacité. En fait, il s'agit du constat de la richesse inépuisable du réel face à notre quête d'informations sur lui ; il s'agit aussi de la prise de conscience de notre appartenance au monde que nous décrivons, et de la nécessaire modification que nous lui imposons par le fait même que nous l'étudions. Ce ne sont pas là des constats négatifs. Ils nous contraignent à incorporer l'observateur dans l'univers qu'il observe, à admettre que les comportements de celui-ci peuvent présenter des aspects imprévisibles.

L'introduction de cette notion peut prêter à confusion. Il est nécessaire ici de bien marquer la distinction entre imprévisibilité et intervention du « hasard ». Ce mot comporte des sens si divers et si riches que son emploi est plus qu'ambigu [13]. En fait, l'imprévisibilité n'implique pas l'intervention de cet étrange et insaisissable acteur. L'on peut imaginer des processus parfaitement déterministes et dont l'aboutissement ne peut être connu qu'en réalisant l'expérience et en la menant jusqu'à son terme ; ils sont donc imprévisibles bien qu'aucun ingrédient aléatoire n'entre dans leur construction.

Prenons l'exemple bien trivial de l'expérience suivante : ce livre que vous êtes en train de lire est imprimé sur 256 pages – ouvrez-le à la page 100 ; si la première lettre de la première ligne est une voyelle, avancez de deux pages ; si c'est une consonne, reculez de deux pages ; recommencez 19 fois. A quelle page aboutirez-vous ? Ce processus est parfaitement déterministe, puisque les lecteurs qui auront assez de temps à perdre pour faire l'expérience aboutiront tous au même résultat, mais personne ne peut annoncer ce résultat avant de réaliser effectivement cette épreuve (et moi qui écris le livre et ne connais pas encore sa mise en pages, je suis évidemment incapable de donner la bonne réponse). Tout ce que l'on peut affirmer de rigoureux est que le numéro de la page obtenue finalement sera compris entre 60 et 140, et qu'il sera un multiple de 4. Cela est sûr ; mais nous pouvons aller plus loin dans notre discours à propos du résultat, si nous connaissons la proportion des voyelles et des consonnes dans l'ensemble des chapitres concernés ; désignons par v et c ces proportions ; la probabilité d'obtenir la page 60 est égale à v^{20}, résultat correspondant au fait que toutes les lettres successivement rencontrées seront des voyelles ; la probabilité d'obtenir la page 140 est de même c^{20}. De façon générale la probabilité de la page $100 + 4x$ (avec x entier et $-10 \leqslant x \leqslant +10$) est $\dfrac{20!}{(10+x)! \, (10-x)!} v^{10+x} c^{10-x}$. Bien que le processus n'ait rigoureusement aucune composante aléatoire, la seule façon d'argumenter à propos de son aboutissement consiste, nous le voyons, à introduire le raisonnement probabiliste.

Un autre exemple de processus décrit de façon rigoureusement déterministe, mais qui ne peut être traité que comme une épreuve aléatoire, est la classique « transformation du boulanger » évoquée notamment par I. Prigogine et I. Stengers (dans [48]) et par I. Ekeland (dans [17]). Pour malaxer sa pâte, le boulanger la dispose selon un carré (dont le côté sera pris pour unité de longueur) ; puis il étend celle-ci vers la droite de façon à doubler sa largeur tout en réduisant la hauteur de moitié, la surface de la pâte reste donc constante ; enfin il coupe ce rectangle en deux parties égales selon la médiane verticale et reconstitue un carré en mettant la moitié de droite au-dessus de la moitié de gauche. Et il recommence n fois.

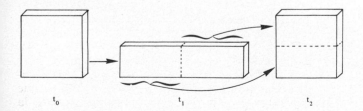

t_0 t_1 t_2

Considérons un grain de pâte situé au départ, à l'instant t_0, en un point ayant l'abscisse x_0 et l'ordonnée y_0 ; après la première phase, il se trouve en un point de coordonnées :

$$x_1 = 2x_0 \qquad y_1 = \frac{1}{2}y_0 ;$$

après la seconde phase, tout dépend du fait que le point était situé à l'instant t_1 dans la partie gauche ou la partie droite du rectangle :

$$\text{si } x_1 < 1 : x_2 = x_1 = 2x_0, \; y_2 = y_1 = \frac{1}{2}y_0 ;$$

$$\text{si } x_1 \geqslant 1 : x_2 = x_1 - 1 = 2x_0 - 1, \; y_2 =$$

$$y_1 + \frac{1}{2} = \frac{1}{2}y_0 + \frac{1}{2}.$$

Pour connaître la position de ce grain de pâte au bout de n phases, il « n'y a qu'à » appliquer n fois ces équations fort simples ; ce qui donne le résultat sans ambiguïté. Tout cela semble dépourvu de mystère ; et pourtant, considérons deux points M et M' très proches du centre, sur la diagonale ; pour M, $x_0 = y_0 = 0,499$, et, pour M', $x'_0 = y'_0 = 0,501$. On obtient

pour M : $x_2 = 0,9980$ et pour M' : $x'_2 = 0,0020$
$y_2 = 0,2495$ $y_2 = 0,7495$

Les deux points initialement très proches se retrouvent en deux régions fort éloignées :

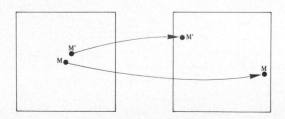

Et cette « catastrophe » se produit quelle que soit la petitesse de la distance initiale entre M et M'. La dissociation se serait produite même si les coordonnées de M et M' n'avaient été différentes qu'à partir de la vingtième décimale. Il suffit que le segment MM' soit « à cheval » sur la médiane verticale du carré.

Cette rupture finit par se produire quelle que soit la zone dans laquelle se trouvaient à l'origine les points M et M' ; les transformations successives les éloignent et il vient une phase où le segment MM' traverse la médiane, ce qui entraîne leur dissociation radicale. Pour prévoir l'aboutissement d'un nombre élevé de phases, il nous faut donc connaître le point de départ avec une précision infinie. Ceci est théoriquement possible lorsqu'il s'agit d'un « point » au sens mathématique du mot, mais non lorsqu'il s'agit d'un objet matériel quelconque. Pour avoir une existence concrète, celui-ci doit avoir une dimension non nulle ; deux de ses éléments finissent donc nécessairement par se trouver dissociés. Faute de cette précision totale, il nous faut raisonner en termes de probabilité, en annonçant que le point considéré aboutira n'importe où, et que toutes les zones d'égale surface ont des probabilités égales de contenir cet aboutissement.

Ce constat est semblable à celui auquel parviennent les informaticiens qui s'efforcent de générer des « nombres au hasard » ; ceux-ci sont produits par un ordinateur selon une méthode nécessairement déterministe, mais cette méthode est choisie de telle façon que le résultat ne peut être prévu tant que la séquence ne s'est pas déroulée jusqu'à son terme. On a ainsi réalisé un mécanisme déterministe capable de produire un résultat pseudo-aléatoire ; dans le problème que nous avons évoqué, nous sommes, de façon symétrique, contraints de recourir aux probabilités pour décrire le comportement d'un mécanisme rigoureusement défini.

Le déterminisme peut ainsi donner parfois l'illusion du hasard : il suffit que notre information sur les processus en jeu soit incomplète (d'où la phrase de Voltaire : « Ce que nous appelons hasard n'est et ne peut être que la cause ignorée d'un effet connu »). Mais le hasard peut aussi, à la suite d'une illusion d'optique semblable, donner l'apparence du déterminisme. C'est le cas dans le jeu fort simple [43] où le personnage *A* essaie de deviner un nombre *x* choisi secrètement par le personnage *B* ; pour y parvenir, il lui pose des questions du type « *x* est-il supérieur à 60 ? inférieur à 90 ? ». Au bout de quelques échanges, dont il s'agit de minimiser le nombre, *A* peut deviner quel est *x*. Ce jeu cependant converge tout aussi bien vers un résultat, dans le cas où *B* ne choisit en réalité au départ aucun nombre : il se contente de donner des réponses purement aléatoires, en prenant seulement la précaution de ne pas entrer en contradiction avec les réponses déjà fournies. Le cheminement des questions-réponses aboutit alors à un nombre qui a, en fait, été généré par l'énoncé des questions elles-mêmes et par le hasard des réponses ; mais *A* ne peut en aucune manière s'en rendre compte ; pour lui tout se passe comme si le nombre *x* avait préexisté dans l'esprit de *B*.

Le cas de processus si bien enchevêtrés, où le déterminisme est si bien camouflé qu'ils déjouent toute prévisibilité, est une des voies par lesquelles s'insinue la nécessité d'un raisonnement probabiliste. Mais, le plus souvent, nous ignorons la nature du processus à l'œuvre ; nous constatons simplement que nous ne pouvons faire autrement que d'évoquer les divers événements possibles et, en fonction de notre connaissance partielle des mécanismes en cause, d'estimer la probabilité de chacun d'entre eux. Ces événements résultent-ils d'un mécanisme sans faille, ou, au contraire, le « hasard » est-il intervenu dans la décision ? Cette question reste définitivement sans réponse. Mais est-il bien raisonnable de la poser ? Nous constatons que « tout se passe comme si » intervenait un acteur inconnu à qui il est commode de donner le nom de « hasard » ; peu importe l'existence ou non de cet acteur. Le réalisme est ici d'admettre notre impuissance à connaître les rapports réels entre les événements successifs, mais de constater simultanément notre capacité à énoncer certaines affirmations concernant leur déroulement, à condition que ces affirmations soient formulées en termes de probabilités.

L'intérêt de cette approche est de lier le constat de l'imprévisibilité des transformations d'une structure à la complexité des processus en action, c'est-à-dire à la complexité de la structure elle-même.

L'apparition de la complexité

Ce mot « complexité » est, depuis quelques années, utilisé à mille propos et risque fort d'être rapidement vidé de tout sens et de jouer simplement le rôle d'un cache-misère conceptuel. Pour aller au-delà d'une simple intuition on peut admettre, à la suite de J. de Rosnay [52], qu'un système matériel est « complexe » si

– il comprend un grand nombre d'éléments que l'on peut classer en de multiples catégories ;

– ces éléments sont organisés en niveaux hiérarchiques (ainsi les niveaux successifs que constituent les atomes, les molécules, les cellules, les organes, les êtres vivants, les sociétés) ;

– les liens entre ces éléments et entre ces niveaux peuvent être classés en de multiples catégories ;

– les interactions entre ces éléments ne peuvent pas s'exprimer par des relations linéaires.

Mais il ne suffit pas de définir en quoi consiste la complexité d'un système. Il est nécessaire de se mettre en état de comparer deux systèmes, pour décider lequel est le plus complexe ; autrement dit, nous avons besoin d'une mesure de la complexité.

A vrai dire, autant la littérature scientifique actuelle utilise en permanence le terme, autant des propositions pour sa mesure sont rares. P. Winiwarter [63] a essayé de tenir compte de trois des quatre éléments que nous avons énumérés, la variété des éléments qui constituent le système, leur structure hiérarchique et la diversité de leurs liens, en définissant la complexité C comme le produit

$$C = IR$$

où I est l'information (au sens de Shannon) apportée par la connaissance de la catégorie d'un élément du système, et où R est l'écart relatif entre la somme des énergies au repos des composants du système et l'énergie globale du système lui-même. L'intérêt de cette définition est qu'elle permet de poser comme « principe » fondamental que « la complexité d'un système ne peut que croître », affirmation qui a du sens puisque la complexité n'est plus seulement une caractéristique vague, mais un paramètre mesurable. On peut alors montrer que le second principe de la thermodynamique peut se déduire, dans le cas particulier des systèmes isolés, de ce principe de croissance de la complexité.

Certes, il ne s'agit encore que de tentatives provisoires, mais elles ont le mérite de remettre en cause de façon constructive une vision de l'univers trop orientée par la prise en compte de la puissance destructrice de l'entropie. Ces tentatives sont d'ailleurs dans la ligne du souhait formulé par l'un des créateurs de la thermodynamique, Boltzmann, lorsqu'il écrivait : « Les conséquences du second principe ne sont pas vraiment satisfaisantes, elles rendent souhaitable la découverte d'une voie autre [1]. »

Cette vision d'un univers où la complexité nourrit la complexification est d'ailleurs conforme à l'évidence la plus claire ; elle correspond à un processus à l'œuvre depuis le Big Bang, y compris pour les structures élémentaires de la matière. Lors des premières phases de refroidissement qui ont suivi ce Big Bang, l'univers était fort peu « complexe », en gros 90 % d'atomes d'hydrogène (dont le noyau est composé de 1 proton) et 10 % d'atomes d'hélium (dont le noyau comporte 2 protons et 2 neutrons). La réalisation des autres structures chimiques s'est produite au cœur des étoiles, au cours des milliards d'années qui ont suivi, par combinaison des éléments initiaux. Par exemple la rencontre de 3 noyaux d'hélium peut aboutir à la réalisation d'un noyau de carbone (6 protons et 6 neutrons) ; l'important dans cette

---

1. Cité par P. Winiwarter [63].

transformation est que les propriétés de l'ensemble ainsi obtenu n'ont rien de commun avec celles des éléments constitutifs, et ne pouvaient guère être prévues. La chimie de l'hélium est bien terne, sans événements notables ; la chimie du carbone est fabuleusement riche, fertile en rebondissements et en surprises. Les atomes d'hélium sont semblables à des êtres autistes qui ne manifestent aucun intérêt pour l'extérieur ; lorsqu'ils se rencontrent, aucun événement ne se produit. Les atomes de carbone, au contraire, sont semblables aux divinités hindoues dotées de multiples bras : par deux de ces bras ils s'accrochent l'un à l'autre pour former de longues ribambelles ; par les deux autres ils attrapent des atomes divers, azote, oxygène, hydrogène, et créent des molécules d'une extraordinaire variété dont les pouvoirs sont à mille facettes. A la simplicité stérile de l'hélium, succède la complexité fertile du carbone.

Chaque fois que les hasards des rencontres, des réactions, des agglutinations ont abouti à un ensemble complexe, doté de certains pouvoirs, cet ensemble est prêt pour une aventure supplémentaire au cours de laquelle les événements qui surviendront pourront soit le détruire, soit lui apporter une complexité nouvelle, des pouvoirs nouveaux.

De la complexité à l'autonomie

Les transformations qui se produisent dans un ensemble matériel dépendent bien sûr des apports extérieurs, de leur nature, de leur intensité. Si cet ensemble est simple, ou du moins s'il est regardé comme tel et est caractérisé par quelques paramètres peu nombreux, la connaissance des interventions sur lui du monde environnant suffit à prévoir les événements qu'elles déclencheront : si l'ensemble est caractérisé par sa masse et la position de son centre de gravité, on déduit sans ambiguïté son accélération de l'intensité de la force exercée sur lui. La formule $\gamma = F/m$ contient la totalité de son avenir.

Mais dès que la structure interne de l'ensemble est prise en considération, les effets des apports extérieurs dépendent de cette structure. L'ensemble lui-même fait partie des « causes » de son propre cheminement ; il intervient dans la modification et dans l'éventuel enrichissement de sa structure : il est « autostructurant ». Il s'agit là d'une notion clé pour laquelle malheureusement nous manquons de recul, malgré les quelques ouvrages [15] et les quelques colloques [14] qui lui ont été consacrés.

Il ne s'agit pas seulement de constater que la connaissance des apports du monde extérieur est en général insuffisante pour prévoir les conséquences qu'ils entraîneront. Il faut constater également que la connaissance, aussi fine que possible, de la structure du système lui-même peut ne pas permettre cette prévision. Il suffit pour cela de se trouver dans des situations où les processus déterministes déclenchés par une intervention extérieure sont d'une nature telle que la connaissance de leur aboutissement ne puisse être obtenue avant leur achèvement, ce qui était le cas dans les exemples évoqués précédemment (p. 67-71). Dans de tels cas, la prévision du devenir d'un processus nécessite la connaissance absolue, totale, des conditions initiales. Il suffit de la moindre imprécision pour que la capacité de prévoir s'effondre. Savoir « presque tout » ou savoir « presque rien » sont à peu près équivalents dans l'incapacité à prévoir.

Nous sommes donc obligés de raisonner en admettant que « tout se passe comme si » un acteur inaccessible, incorporé au système, intervenait dans le déroulement des phases successives de sa transformation. Il est de bonne méthode, cela est assez généralement admis, d'appeler « hasard » le sujet (au sens grammatical du mot) du verbe « choisir », lorsque les choix réalisés ont toutes les apparences de l'aléatoire. De même il est de bonne méthode de regarder une structure complexe comme le sujet (au sens philosophique du mot) des événements qui se déroulent en elle, lorsque les transformations dont elle est « l'objet » ne peuvent être analysées en processus suffisamment élémentaires pour que leur aboutissement soit prévisible.

Cette attitude revient à considérer l'ensemble observé comme « auto-organisateur », autrement dit à le regarder comme capable d'une certaine *autonomie*.

Ce cheminement, qui nous conduit du concept de complexité à celui d'autonomie, nous montre qu'un minimum de réticence est nécessaire face à certaines affirmations. Ainsi de la phrase célèbre : « ce qui est vrai pour la bactérie est vrai pour l'éléphant ». Certes, tous les mécanismes élémentaires, qu'ils soient du niveau moléculaire ou du niveau cellulaire, sont les mêmes chez l'une et chez l'autre. Mais ce qui présente le plus d'intérêt pour l'éléphant, c'est ce qui se passe à des niveaux d'organisation où l'enchevêtrement des mécanismes à l'œuvre crée une complexité telle qu'une capacité d'autonomie se développe ; or ces niveaux n'existent pas chez la bactérie. Ne vaudrait-il pas mieux dire : « ce qui est vrai à la fois pour la bactérie et pour l'éléphant n'est pas ce qui est le plus intéressant pour l'éléphant » ?

Il serait tout aussi excessif de dire : ce qui est vrai pour un petit village est vrai pour la capitale. Et, en effet, les règles de la comptabilité publique, les procédures administratives élémentaires, les formules prononcées pour célébrer un mariage... sont les mêmes ; mais ce qui importe à Paris n'est pas nécessairement ce qui importe dans la commune de Pechpeyroux (Lot), les qualités demandées au maire de Paris ne sont pas celles espérées du maire de Pechpeyroux. Les niveaux d'organisation qui permettent à la grande ville de fonctionner n'ont pas même d'existence dans le village.

Niveaux, paliers, émergence

Le terme « niveau » que nous venons d'utiliser pose problème, d'autant plus qu'il est souvent employé sans grande précaution. Le biologiste Jacques Ruffié [54] parle plus volontiers de « paliers d'intégration » ; cette formulation introduit la nuance d'une durée, d'une histoire évolutive, mais le concept évoqué reste très proche de celui de « niveau ».

Ces mots peuvent suggérer soit, dans une vision taxonomique, qu'il existe des catégories hiérarchisées bien distinctes, séparées par des frontières précises, soit, dans une vision historique, qu'il existe des périodes de transformations, rythmées par des phases de stabilité. Mais c'est là une réification de notions qui sont surtout pratiques pour une description, sans correspondre nécessairement à une réalité objective. Comme le fait remarquer Henri Atlan [2], la définition des niveaux résulte de nos moyens d'investigation et correspond souvent à la classification des diverses disciplines scientifiques ; ainsi, dans le cas des êtres humains, le « niveau » atomique correspond à la physique, le niveau moléculaire à la chimie, le niveau des cellules à la biologie, celui des organes à la physiologie, celui du comportement de l'individu à la psychologie, celui des groupes à la sociologie. Ce découpage peut se modifier par suite de la mise au point de nouveaux moyens d'investigation. C'est ce qui vient de se produire avec la biochimie : elle a inséré un niveau intermédiaire entre la molécule et la cellule.

Le nécessaire passage d'une discipline à une autre pour chaque changement de niveau est significatif : c'est à l'occasion de ce changement que s'insère, dans notre compréhension du réel, du nouveau, de l'inattendu, du jamais encore pensé. C'est à l'articulation entre deux niveaux, articulation provisoire, liée à l'état actuel de nos informations et de nos modèles, que se situe la véritable frontière de la connaissance : « Pour parler de ces articulations nous ne disposons, du fait même de la façon dont elles apparaissent *entre* des champs du savoir scientifique, que de moyens techniques et théoriques très limités, puisque nous ne pouvons pas y avoir accès directement. Et pourtant c'est là que semble se loger l'origine de ce qui fait l'autonomie d'un système complexe » (H. Atlan).

On peut également, comme le fait René Passet [47], associer le concept de niveau à un changement de perspective dans la description de la structure étudiée. Dans la démarche analytique habituelle, l'on s'efforce, selon la méthode proposée par Descartes, de décomposer celle-ci « en autant de parcelles qu'il se peut », puis de déduire des propriétés de ses éléments celles de l'ensemble. Mais force est de constater que cette démarche s'essouffle, dès que le nombre de ces éléments grandit et surtout dès que la variété de leurs rapports s'accroît ; elle permet sans doute d'expliquer après coup les propriétés globales de l'ensemble en fonction des caractéristiques des éléments, mais elle est incapable de prévoir ces propriétés. Les exemples de cette incapacité sont multiples, aussi bien en biologie qu'en sociologie ou en histoire. Chacun des cycles métaboliques qui se déroulent dans un organisme peut être décrit et compris d'après les réactions des molécules en jeu, mais la seule connaissance de ces molécules n'aurait pas permis d'imaginer les pouvoirs apportés à l'organisme par leur interaction. De même, il est facile pour les historiens d'expliquer, par exemple, pourquoi les réactions des gouvernants et des peuples au cours du tragique mois de juillet 1914 ont abouti de façon quasi automatique au déclenchement de la guerre ; mais des facteurs semblables, et même plus puissants, étaient intervenus deux ans plus tôt sans aboutir à l'irréparable.

Lorsqu'on substitue à la démarche analytique une démarche systémique, l'on s'efforce de décrire non plus les éléments qui composent l'ensemble, mais les relations entre ces éléments. Or ces relations n'ont de signification qu'en fonction de l'organisation générale à laquelle elles contribuent. Elles ne peuvent être comprises que dans le cadre de cette organisation : « Contrairement à la démarche cartésienne où l'interprétation " remonte " du simple vers le composé, cette lecture ne pourra s'effectuer que du Tout vers les parties » (R. Passet).

Dans cette optique, la notion de « niveau », ou celle de « palier », perd une grande part de sa signification concrète : il s'agit moins d'une réalité incluse dans les objets étudiés que d'un simple produit sécrété par nos techniques d'investigation. Quant à la hiérarchie des niveaux successifs, elle résulte elle-même de l'arbitraire d'une convention : les objets qui sont mis en relation appartiennent au niveau dit inférieur, les fonctions réalisées par ces relations appartiennent au niveau dit supérieur. Naturellement chaque « objet » peut être lui-même un système, d'où la possibilité de superposer de multiples niveaux, et même de les enchevêtrer. Il n'est pas sans intérêt, je crois, de réduire ainsi le statut des « niveaux d'organisation » ou des « paliers d'intégration » (sans nier pour autant leur utilité dans la progression de notre compréhension du réel), car ils ont contribué à donner pignon sur rue à un concept fort suspect, celui d'« émergence ».

Althusser [1] a consacré un long développement à la critique de l'usage de ce mot, notamment par J. Monod. Subrepticement, à l'occasion de l'évocation de l'émergence de telle ou telle possibilité au cours de l'évolution, s'insère le recours à la finalité. L'apparition, historiquement constatée, d'organisations de plus en plus complexes, de pouvoirs de plus en plus étendus, est décrite non seulement comme une succession, mais comme la réalisation progressive d'un plan, chacun des stades successifs préparant le suivant ; de proche en proche, on en vient à regarder l'ensemble du processus comme la manifestation d'un projet peu à peu mis à exécution. Or l'objet de la science, s'il n'est pas de nier l'existence d'un tel projet, est de rendre compte du réel observé « comme si » ce projet n'existait pas. C'est la règle du jeu, et il importe de s'y tenir rigoureusement.

En ne voyant dans les niveaux d'organisation, ou les paliers d'intégration, que des concepts relais nous permettant d'exprimer notre compréhension provisoire et partielle du monde réel, l'émergence à son tour ne concerne plus une propriété de ce monde réel, mais une modification de ce que notre regard perçoit. Ce qui émerge à chaque niveau, ce sont des fonctions, des propriétés, que nous n'avions su ni constater, ni prévoir, ni même concevoir au niveau inférieur. Mais, pour autant, nous n'avons pas à voir dans cette apparition de performances inattendues le signe d'un projet en cours de réalisation.

Notons enfin que, par un curieux retour, la notion de niveau est utilisée parfois pour fonder celle de complexité, alors que c'est l'accroissement de la complexité qui nous avait amenés à définir les niveaux. Il se peut en effet que des événements générés par les mécanismes décrits comme fonctionnant à un certain niveau aient des conséquences dans les processus qui se déroulent dans les niveaux supérieurs ou inférieurs. Il y a alors enchevêtrement des niveaux, et la complexité devient non seulement une caractéristique des relations entre objets d'un même niveau, mais une caractéristique des relations entre les objets de discours que sont les niveaux eux-mêmes.

Le lecteur aura compris que nous nous situons ici dans un domaine où la réflexion reste encore très peu sûre d'elle-même, où les chercheurs s'efforcent, à tâtons, d'explorer de nouvelles voies. Il reste de ces efforts de lucidité que la toile de fond devant laquelle nous représentons le monde, sans que nous en ayons assez pris conscience, a totalement changé. Après le Dieu des horloges, origine de toute loi, omni-compétent et insensible à la durée, après le démon des fournaises, source de toute énergie et allié à la durée pour tout affadir, apparaît un être que sa complexité rend capable d'autonomie, capable d'utiliser la durée pour créer du neuf, pour inventer du sens, ni Dieu, ni démon, l'Homme.

5. Ontogenèse de l'inattendu

La prise en compte de la complexité des organismes vivants et de la possibilité d'autonomie qu'apporte cette complexité nous amène à compléter notre description de leur ontogenèse. Il s'agit de la question essentielle face à tout individu, quelle que soit son espèce : comment expliquer ce qu'il est devenu à partir de ce qu'il a reçu ? Quels facteurs se sont combinés pour que ses cellules aient telles propriétés, pour que ses organes soient capables de tels métabolismes, pour qu'il manifeste telle réaction face aux événements, pour qu'il affirme, s'il appartient à l'espèce humaine, telle « personnalité » ?

Nous avons vu que l'analyse du rôle des divers mécanismes à l'œuvre a fait des progrès remarquables : on est ainsi capable aujourd'hui d'attribuer, par exemple, le fait que l'organisme d'un enfant souffre des multiples dysfonctionnements regroupés sous le terme « anémie falciforme » à une cause parfaitement localisée au niveau le plus fin qui soit, le niveau moléculaire.

On pourrait espérer que la connaissance, un jour obtenue, de toutes les données de départ des processus de réalisation d'un individu permettra de prévoir leur aboutissement. Dans un avenir proche, sans doute, il sera techniquement possible d'énumérer les quelque 3 200 millions de paires de bases nucléiques qui constituent le patrimoine génétique d'un membre de l'espèce *Homo sapiens*. On peut imaginer que nous parviendrons également à être en mesure de connaître, au même niveau moléculaire, la structure de toutes les substances qui seront apportées à cet être tout au long de son développement. Tenant compte de toutes les interactions entre ces éléments, les uns dits « innés », les autres dits

« acquis », quels obstacles empêcheraient alors de décrire les étapes successives des transformations résultant des mécanismes ainsi mis en place ?

Définis par certains facteurs, entretenus et orientés par d'autres, ces mécanismes doivent aboutir à un résultat rigoureusement prévisible. Cela est vrai pour de nombreuses caractéristiques ; sinon aucun progrès de la génétique n'aurait été possible. Il suffit que telle structure soit présente sur un chromosome pour que le petit pois soit vert, que la drosophile ait les yeux roses, que l'homme ait les cheveux blonds. Le lien est, dans tous ces cas, élucidé entre la donnée initiale et l'aboutissement. Si enchevêtrés soient les processus, il peut sembler toujours possible de les décrire par des tableaux du type de celui de la p. 57. Certes, les modalités des divers facteurs sont, en général, plus nombreuses ; ces facteurs eux-mêmes sont multiples. A un simple tableau carré, à deux dimensions, il faut donc substituer, malgré la difficulté de la représentation, une matrice à n dimensions ; mais, au-delà des problèmes techniques de détail, la façon de poser le problème semble rester la même. Est-ce si sûr ?

De la définition à la connaissance

Le nombre des combinaisons possibles des facteurs en jeu peut être si grand que la connaissance suffisamment précise de chacun d'eux peut se révéler impossible ; car une donnée concrète parfaitement définissable peut fort bien être pratiquement inconnaissable. Un exemple assez trivial permet de marquer cette opposition. Il s'agit du nombre π, bien connu. Quelle est sa cent milliardième décimale ?

On sait qu'elle existe, qu'aucune ambiguïté ne peut être imaginée à son propos (tous ceux qui auront assez de patience pour poursuivre les calculs et assez de rigueur pour ne faire aucune erreur trouveront le même chiffre). Mais pour l'obtenir, il faut déterminer toutes les décimales qui précèdent ; ce qui rend fort improbable qu'elle soit jamais connue (d'autant que cette connaissance ne présente pas le moindre intérêt). Mais allons plus loin ; on peut évoquer des décimales si lointaines que l'on peut être sûr qu'elles ne seront jamais connues ; par exemple la détermination de celle ayant le rang 10^{28} nécessiterait, à condition de disposer d'un ordinateur capable de calculer un milliard de décimales de π à chaque seconde, plus de cent milliards d'années ; il est peu vraisemblable qu'à cette époque (six fois plus éloignée de nous dans l'avenir que le Big Bang ne l'est dans le passé) existeront des créatures intéressées par les décimales de π.

Encore se trouve-t-on ici devant un problème fort simple, car le processus de calcul est fixé une fois pour toutes ; à chacun des pas qui nous font gagner une ou plusieurs décimales supplémentaires, le travail à faire est toujours le même. Les choses sont plus subtiles si l'on met en place plusieurs processus de passage d'un stade à l'autre et si l'on choisit, pour chacune des étapes de calcul successives, le processus à mettre en action, en fonction du résultat de l'étape précédente. On pourrait, par exemple, admettre que le calcul réalisé est celui du programme défini pour le nombre π lorsque la dernière décimale obtenue est paire et celui du programme de calcul de la base des logarithmes népériens e si elle est impaire.

Quel sera le chiffre obtenu après n étapes ? Si n est très grand il ne sera « jamais » connu. Et pourtant il existe, car nous sommes ici dans un domaine où toutes les définitions ont été fournies par nous, et où aucune borne ne limite théoriquement la connaissance. La précision de notre connaissance de ces nombres ne se heurte à aucun autre obstacle que la durée du travail nécessaire.

Dans les processus concrets, au contraire, une telle limite existe. Il ne s'agit plus d'êtres imaginaires que nous avons créés, comme π ou e, mais d'objets préexistants que nous tentons de décrire, de cerner, en leur attribuant des caractéristiques mesurées. Les objets que nous propose la nature sont capables, nous le savons maintenant, d'échapper à la prison des définitions et des mesures où nous prétendons les enfermer. Jamais nous

ne connaîtrons une lointaine décimale de la mesure de
telle caractéristique, elle est par nature inaccessible, ou
même dépourvue de sens. Car imaginer que la lointaine
décimale existe revient à admettre que l'univers dans
lequel nous baignons accepte d'être défini par les paramètres que nous avons adoptés pour le décrire.

Lorsque la prévision de l'aboutissement d'un processus
nécessite la connaissance absolue des conditions initiales, cette connaissance étant impossible, ce processus
ne peut qu'apporter de l'imprévisible, du nouveau.

Qu'est-ce que le « nouveau » ?

L'emploi de ce mot pose lui-même problème. Que
considérons-nous comme « nouveau » ? Imaginons une
société obsédée par le nombre π et dans laquelle les journaux consacrent leur première page à annoncer chaque
jour les décimales supplémentaires obtenues la veille par
les calculateurs. Ces décimales, totalement imprévisibles,
constituent réellement une nouveauté. Personne, jamais,
ne les a connues ; les lecteurs peuvent être profondément
satisfaits d'apprendre que la milliardième décimale est
un 5, et non un 0, un 1 ou..., comme il aurait été encore
possible de le croire la veille. Voilà réellement du nouveau ! Et pourtant nous sentons bien que cette nouveauté
ne fait que révéler du préexistant, elle n'apporte aucun
supplément à ce qui existe dans l'univers. Il y a gros à
parier que l'intérêt pour cette rubrique s'affaiblira peu à
peu, et qu'un jour dans cette société les nouvelles décimales de π ne seront plus annoncées qu'en petits caractères dans les pages intérieures des journaux.

Pour nombre de nos concitoyens, cette activité de
découverte de réalités préexistantes, et antérieurement
cachées, est exactement celle de la science : ne cherche-
t-elle pas à dévoiler peu à peu les propriétés et la structure de l'univers ?

On peut cependant imaginer une tout autre catégorie

de nouveau, et, du coup, une tout autre présentation de l'activité scientifique. Il ne s'agit plus d'enfin connaître, mais de créer.

Voilà bien un mot qui pose problème : créer, c'est-à-dire ?... Notre univers est soumis à des lois de conservation : toute la physique est construite sur le postulat que la charge électrique globale, le nombre hadronique, le nombre leptonique sont constants. On peut interpréter ces constances comme signifiant que rien de nouveau ne peut apparaître, que rien ne peut être créé.

Certes, mais cela n'est vrai que si nous bornons notre description de l'univers aux paramètres qui décrivent les caractéristiques soumises à la fatalité. Ce n'est vrai, pour reprendre la phrase évoquée précédemment, que si nous regardons un éléphant en nous intéressant uniquement à ce qui, chez lui, se trouve également chez l'amibe. Si, au contraire, nous savons voir dans un éléphant autre chose qu'une amibe, sans nul doute nous constaterons que l'évolution du vivant a, en quelques milliards d'années, apporté du nouveau. Ce « nouveau » n'existerait-il donc que dans notre regard ? La question est proprement sans réponse, et rejoint l'interrogation sur l'existence en soi du réel, indépendamment de la représentation que nous en élaborons. Certes, il est parfaitement logique d'adopter la position que développaient les solipsistes pour qui rien n'existait qu'eux-mêmes ; les sensations que nous recevons du monde extérieur étaient, selon eux, une illusion générée par nous-mêmes. Une telle attitude n'est pas du ressort de la réflexion scientifique, car il ne s'agit pas pour elle d'atteindre la réalité des choses en elle-même, mais de s'intéresser aux rapports qu'à nos yeux les choses ont entre elles.

De même, la question de l'existence du « nouveau » est une question métaphysique hors du champ de la réflexion scientifique ; puisque notre regard découvre bel et bien du nouveau, cela suffit pour que ce nouveau soit objet de réflexion, aussi réel que les objets célestes dont nous analysons la nature chimique. Lorsque Leverrier a, au terme de savants calculs, découvert une nouvelle planète, celle-ci était certes nouvelle pour les astronomes,

mais le fait de l'avoir repérée dans le ciel n'ajoutait rien à
celui-ci. Ce que Leverrier a apporté de véritablement
nouveau, c'est la possibilité de déterminer la position
d'un des éléments du système solaire sans se servir d'un
télescope, simplement avec quelques équations : Nep-
tune alors qu'elle était encore inconnue poursuivait son
parcours, mais le secret des causes de son mouvement
était déjà inscrit sur les fiches de l'astronome.

Une anecdote, qui a le mérite d'être pittoresque, peut
aider à définir le sens de l'adjectif « nouveau ». Le joyeux
groupe qu'animait Roland Dorgelès au début de ce siècle
eut un jour l'idée de monter un énorme canular pour
ridiculiser l'ensemble des critiques d'art, trop facilement
sûrs de leurs jugements. Un âne, nommé Aliboron
comme il se doit, fut installé le postérieur face à une
toile ; sa queue fut plongée successivement dans des pots
de peinture, et les mouvements désordonnés de celle-ci
provoquèrent des traces de toutes les couleurs. Un huissier dûment convoqué assista à l'opération. Le résultat
fut exposé au salon des Indépendants de 1910 sous la
signature, alors inconnue, de Boronali, avec pour titre
Coucher de soleil sur l'Adriatique.

Certains critiques, paraît-il, s'extasièrent devant la
richesse de la palette, la subtilité des nuances, la profon-
deur de l'émotion ressentie et transmise par l'auteur. On
peut s'indigner ou s'amuser ; mais ce *Coucher de soleil*
représentait très exactement du « nouveau ». Les couleurs, l'âne, sa queue, et même le goût de la plaisanterie
des protagonistes, ont constitué les éléments initiaux, les
données ; mais la toile peinte était un résultat qui n'avait
aucun précédent. L'émotion dont parlèrent certains critiques, pourquoi imaginer qu'elle était feinte ? Il se peut
fort bien que les couleurs ainsi assemblées aient véritablement provoqué en eux des réactions puissantes, les
aient amenés à écrire des textes superbes. Mieux encore,
l'huissier, par sa présence et par son témoignage ultérieur, a été l'élément décisif qui a provoqué le scandale,
lorsque l'affaire a été dévoilée. Et cet aspect scandaleux a
donné à ce fait divers la dimension d'un événement qui
fait maintenant partie de l'histoire de notre culture, et

même de l'histoire de l'art. Le très sérieux *Dictionnaire des œuvres d'art* de Benezit signale le nom de Boronali (mais pas celui d'Aliboron) parmi les peintres du XXᵉ siècle ; le fait même que je sois amené à l'évoquer ici, pour illustrer la possibilité de faire du nouveau avec rien (ou presque rien : quelques étudiants facétieux, un âne et un huissier), s'insère dans la dynamique de cette création *ex nihilo* (à condition d'ajouter au « presque rien » un auteur en quête d'un exemple amusant pour rendre moins pénible la lecture d'un chapitre laborieux).

On peut bien sûr remarquer que l'apparition du « nouveau » imprévisible qu'a été le tableau réalisé résulte d'un projet ; la volonté des auteurs du canular était justement de provoquer de l'inattendu en remplaçant la main et le pinceau du peintre par la queue de l'âne. Le nouveau est ici l'aboutissement nécessaire d'une volonté.

Une aventure d'un tout autre ordre, et où aucune volonté de quiconque n'intervient, peut être mise en parallèle : celle de l'évolution des dessins apparaissant sur la carapace des crabes dans une certaine baie du Japon. Il y a quelques siècles, une bataille navale s'y est déroulée, et d'innombrables samouraïs se sont noyés. Lorsque, par la suite, les pêcheurs de crabes voyaient sur leurs proies des signes rappelant ceux des cuirasses des samouraïs, ils s'empressaient de les rejeter à l'eau, persuadés qu'il s'agissait de la réincarnation d'un soldat. Au fil des siècles, cette attitude s'étant perpétuée, les crabes imitant les samouraïs ont eu la vie sauve, tandis que leurs congénères étaient éliminés ; la sélection, fort peu « naturelle » mais efficace, a fait son œuvre. Aujourd'hui tous les crabes de la baie portent la marque des samouraïs. Sans projet de quiconque, sans cause d'ordre biologique, une caractéristique originale a été créée. Pour l'observateur intéressé uniquement par ces dessins, du « nouveau » est apparu. Ce nouveau peut à son tour être gros d'un avenir inattendu : si ces carapaces, inconnues ailleurs, deviennent objets de collection, les pêcheurs s'enrichiront, construiront de splendides villas, doteront leur commune d'un musée... L'ensemble de l'écosystème local aura été « autostructurant ». En présentant l'his-

toire de cette façon, on ne nie pas l'existence de mécanismes élémentaires ; mais le lien entre ceux-ci et le
résultat observé est d'une nature telle qu'il risque d'être
inaccessible.

Sans nous poser le problème de l'existence en soi d'une
capacité à l'autostructuration (donc, finalement, à l'autonomie) d'un ensemble matériel, constatons que nous ne
pouvons raisonner à son propos qu'en admettant que
« tout se passe comme si » ce pouvoir existait. Cette attitude n'est pas différente de celle de Newton qui ne prê-
tait pas aux objets matériels l'étrange pouvoir de s'attirer
à travers l'espace proportionnellement à leurs masses,
mais raisonnait « comme si » la présence de deux masses
générait une force d'attraction.

Admettre que l'autostructuration est une caractéristique du regard que nous portons sur le système ne
retranche aucune valeur à ce concept, et accorde à ce
regard beaucoup de réalisme. C'est le regard analytique,
ne voyant dans l'objet que les éléments qui le constituent, qui trahit la réalité ; il la trahit, puisqu'il compte
pour rien l'essentiel : la capacité du système à rester lui-
même, tout en se dotant de caractéristiques et de pouvoirs nouveaux.

Ontogenèse

Si nous revenons à l'ontogenèse d'un être vivant, nous
constatons que notre analyse des processus enchevêtrant
apports extérieurs et informations génétiques s'épuise et
ne peut rendre compte que de phénomènes très partiels ;
dès que les systèmes en cause atteignent une certaine
complexité, nous devons faire place au pouvoir de cet
être non seulement de se construire lui-même, mais de
créer en lui de l'inattendu, du nouveau.

Il est cependant de bonne méthode de chercher à
repousser le plus loin possible le recours au concept
d'auto-organisation. Celui-ci peut en effet être regardé, il

faut le reconnaître, comme une résurgence de certaines notions moyenâgeuses, balayées fort heureusement par la rigueur que s'est imposée la science. N'est-on pas en train de revenir, penseront certains, à la croyance en la génération spontanée ?

Nous savons que peu à peu notre capacité de compréhension et de représentation des mécanismes complexes s'améliorera ; la zone où les phénomènes observés peuvent être ramenés à une succession d'étapes élémentaires bien précises sera de plus en plus étendue. Pour certaines espèces animales, cette zone finira par couvrir la totalité des phénomènes observés. Telle réaction face à un stimulus, tel comportement, telle stratégie à long terme dans le choix du partenaire sexuel ou dans l'accumulation de réserves de nourriture, pourront être expliqués par des sécrétions hormonales provoquées par la température, par l'ensoleillement ou par l'odeur des substances émises par les individus du sexe opposé. Nous sommes sans doute loin d'une compréhension analytique aussi précise, mais rien n'interdit d'imaginer qu'elle sera un jour obtenue.

Il est cependant une espèce, la nôtre, pour laquelle cet espoir est définitivement nul. La raison en est que notre regard sur nous-mêmes fait partie de nous-mêmes (que nous désignions par ce « nous » tel individu ou l'ensemble des hommes). Dans notre compréhention de notre propre construction, nous pouvons passer du « presque rien » actuel à un « presque tout » qui se voudrait triomphant ; mais la présence nécessaire de ce « presque » rend fort limitée la portée de tout éventuel progrès. Parmi les éléments qui constituent un homme, la vision qu'il a de lui-même est l'un des plus décisifs. Dans le long processus de sa construction, cette vision est à la fois acteur et résultat, sujet et objet. Lorsque Pascal affirme que « l'Homme passe infiniment l'Homme », il écrit une phrase dont l'analyse logique est impossible, puisque sujet et complément d'objet s'y confondent ; de même est impossible l'analyse complète des effets et des causes dans la réalisation d'un homme.

Nous sommes ainsi amenés à mettre une touche finale

aux schémas représentant la transmission et l'ontogenèse. Aux flèches qui représentent les apports (en matière
ou en information) du patrimoine génétique, du milieu,
de la société, il nous faut ajouter sur le schéma n° 10 une
quatrième flèche représentant l'ensemble des effets, sur
l'être qui se constitue, des causes que génère cet être lui-
même. Selon l'importance de cette quatrième flèche, les
raisonnements que nous devons développer sont de
natures nécessairement très variées. Faible pour les êtres
unicellulaires, cette importance s'est accrue à mesure
qu'a grandi la complexité des espèces apparues au cours
de l'évolution ; elle a atteint pour l'espèce humaine un
niveau tel qu'elle est devenue sa caractéristique première.

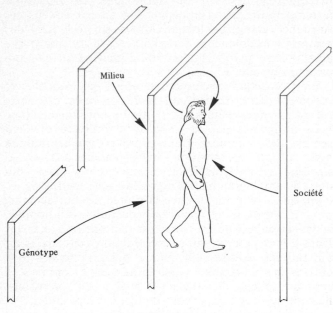

Schéma n° 10

6. Ressemblance et corrélation

Face à la complexité de nos schémas n°s 9 ou 10, notre étonnement peut être grand devant la facilité avec laquelle, pourtant, les chercheurs ont pu mettre en évidence l'influence du patrimoine génétique. Car, c'est un fait d'évidence, les enfants « ressemblent » à leurs parents ; sans cette ressemblance la génétique n'aurait pu être développée. N'est-ce pas alors une direction d'analyse finalement destructrice que d'insister sur la multiplicité des voies par lesquelles les divers éléments du patrimoine sont transmis ? Pour répondre à ce doute, commençons par constater que le concept de ressemblance est au cœur de nombre de raisonnements tenus par les sociobiologistes ; il est donc essentiel de s'interroger sur son contenu.

De façon plus générale, il s'agit de caractériser la liaison entre deux ensembles de mesures. Les questions : la main droite ressemble-t-elle à la main gauche ? le fils ressemble-t-il au père ? peuvent se traduire : peut-on déceler une liaison entre les mesures réalisées chez les uns et chez les autres ?

Ce concept de ressemblance, qui paraît tout simple, reste en fait nécessairement flou. En effet, la question posée n'est pas aussi directe qu'il y paraît ; on ne peut y répondre qu'en élargissant notre vision au-delà des deux objets qui nous intéressent et que nous comparons, et en tenant compte de l'ensemble de la population à laquelle ils appartiennent. Si la taille de Dupont est de 1,85 m, celle de Durand de 1,70 m, se « ressemblent »-ils ? La réponse ne peut être fournie sans référence au groupe dont ils font partie : s'ils appartiennent à une population de petite taille dont la moyenne est de 1,60 m, ils font tous deux exception par leur taille élevée, et donc se ressemblent beaucoup. Si au contraire la taille moyenne est de 1,80 m avec une faible dispersion autour de ce nombre, Dupont est un « grand », Durand est un « petit » ; ils sont dissemblables. Une mesure de la ressemblance ne peut donc être définie sans une description préalable de la répartition du (ou des) caractère(s) dans la population.

La recherche d'une mesure de la ressemblance entre des objets, qu'ils soient des individus ou des séries de mesures, n'est donc pas dénuée de pièges. Trop souvent, l'on utilise les paramètres classiquement proposés sans assez insister sur les limites de leur signification. Au risque de lasser ceux qui manipulent quotidiennement ces paramètres et qui trouveront ces quelques pages bien élémentaires, et tout autant ceux qui ne sont guère familiarisés avec les notations statistiques et qui trouveront cet ensemble de formules bien rébarbatif, sinon illisible, je crois utile d'insister sur la définition précise des concepts en jeu. Comme nous le verrons, les pièges sont parfois si bien camouflés que les professionnels euxmêmes s'y laissent prendre.

Répartition d'une caractéristique

Pour chaque objet appartenant à l'ensemble que l'on étudie (par exemple pour chaque individu de la population), le caractère étudié a une certaine mesure x. La répartition de ce caractère est décrite par l'ensemble des proportions λ_i des objets pour lesquels cette mesure a la valeur x_i (par exemple la proportion des individus ayant une taille de 150 cm, de 151 cm...). Naturellement la somme de tous les λ_i est égale à 1, ce que l'on écrit :

$$\sum_i \lambda_i = 1.$$

Par définition la *moyenne* de cette répartition est égale à la somme de toutes les valeurs possibles pour x, pondérées par leurs proportions :

(1) $$m = \sum_i \lambda_i x_i.$$

De même la variance de la répartition est définie comme la somme, pour toutes les valeurs possibles pour x, des carrés des écarts à la moyenne pondérés par leurs proportions :

(2) $$V = \sum_i \lambda_i (x_i - m)^2.$$

La moyenne représente une valeur centrale qui permet de situer la zone autour de laquelle se répartissent les mesures observées ; la variance caractérise la dispersion autour de cette moyenne. Si toutes les mesures sont proches de la moyenne, la variance est faible ; si nombre d'entre elles s'en éloignent beaucoup, la variance est élevée.

Remarquons que la variance correspond à une moyenne de carrés ; pour l'interpréter de façon plus visuelle, il est commode, et courant, d'utiliser sa racine carrée, c'est-à-dire l'écart type $\sigma_x = V_x^{1/2}$.

Étrangement, le concept de moyenne, sans doute parce qu'il est introduit très tôt durant le parcours scolaire, apparaît comme une donnée simple, intuitive, alors que la variance (ou l'écart type) semble être une création de mathématiciens hautement abstraite. En fait ces deux paramètres correspondent à deux questions fort naturelles face à un ensemble de mesures : autour de quelle valeur centrale sont-elles dispersées ? Quelle est l'importance de cette dispersion ?

Covariance et corrélation de deux variables

Sur un même ensemble d'objets, mesurons non plus une, mais deux caractéristiques (par exemple mesurons simultanément la taille et le poids de tous les individus d'une population). Il apparaît en général que ces mesures ne sont pas indépendantes, par exemple les individus de grande taille ont dans l'ensemble un poids plus élevé que ceux de petite taille ; connaître la taille constitue donc déjà une certaine information sur le poids, et réciproquement. Mais comment mettre une mesure précise derrière la notion assez floue de « liaison » entre les deux caractéristiques mesurées ? Deux voies bien distinctes peuvent être suivies, dont il est étonnant de constater qu'une seule est habituellement enseignée, et qu'elle est souvent utilisée comme si elle était la seule.

Soit x et y les mesures observés ; la répartition de l'ensemble des objets pour l'ensemble des deux caractéristiques étudiées est décrite par l'ensemble des proportions λ_{ij} des objets ayant à la fois la mesure x_i pour la première et y_j pour la seconde. Naturellement, connaissant tous les λ_{ij} on peut retrouver la répartition de chacune des caractéristiques par les relations évidentes

$$\lambda_{i.} = \sum_j \lambda_{ij} \qquad\qquad \lambda_{.j} = \sum_i \lambda_{ij}$$

de même on obtient les deux moyennes et les deux variances par

$$m_x = \sum_{ij} x_i \lambda_{ij} \qquad\qquad m_y = \sum_{ij} y_j \lambda_{ij}$$

$$(3) \quad V_x = \sum_{ij} (x_i - m_x)^2\, \lambda_{ij} \qquad V_x = \sum_{ij} (y_i - m_y)^2\, \lambda_{ij}.$$

La liaison entre les mesures x et y peut être estimée en comparant, pour chaque objet observé, les écarts de chacune des mesures à sa moyenne. Si, dans l'ensemble, les objets pour lesquels x est très supérieur à la moyenne à m_x sont tels que, pour eux, y est très supérieur à la moyenne m_y, les deux mesures sont « corrélées positivement » ; si un x élevé s'accompagne en général d'un y très inférieur à m_y, les deux mesures sont encore corrélées, mais cette fois négativement. Il est tout naturel par conséquent de caractériser cette liaison par la valeur moyenne du produit $(x - m_x)\,(y - m_y)$, c'est-à-dire par la « covariance » de X et de Y définie par

$$(4) \qquad \mathrm{cov}\,(X,\ Y) = \sum_{ij} \lambda_{ij}\,(x_i - m_x)\,(y_j - m_y).$$

Enfin, pour pouvoir comparer entre elles plusieurs covariances, il est nécessaire de les normer en tenant compte des dispersions des deux mesures ; ce qui conduit à définir le *coefficient de corrélation* de X et Y par

$$(5) \qquad r(X, Y) = \text{cov}(X, Y)(V_x V_Y)^{-\frac{1}{2}}.$$

On montre facilement que, en raison même de sa définition (c'est là une simple propriété algébrique), ce coefficient est compris entre $+1$ et -1. Pour ces deux valeurs extrêmes le sens de r est très clair : si $r = \pm 1$, chaque mesure est liée à l'autre par une relation du type $y = ax + b$ où a est positif pour $r = +1$, négatif pour $r = -1$. La connaissance de l'une des caractéristiques entraîne alors de façon rigoureuse la connaissance de l'autre. Leur liaison est totale.

Mais, si la signification du coefficient de corrélation est sans ambiguïté pour ces deux valeurs, il n'en est pas de même pour les valeurs intermédiaires. Que signifie la constatation que $r = 0,40$? Aucune réponse ne peut être donnée si l'on ne formule pas quelques hypothèses à propos des répartitions étudiées. Même la valeur centrale $r = 0$ ne peut absolument pas être interprétée comme une absence de liaison entre les caractéristiques, car elle peut fort bien résulter d'une compensation entre des zones de liaison positive (les mesures évoluent parallèlement) et des zones de liaison négative (elles évoluent en sens opposés).

Dans cette voie, nous pouvons donc faire des calculs, mais nous ne savons pas interpréter avec rigueur les résultats obtenus. N'est-ce pas une dangereuse fuite en avant que de prétendre mesurer ce que l'on ne sait pas définir ? Le danger ne fait que s'aggraver avec la multiplication des calculateurs électroniques qui permettent d'obtenir, à partir des données, de multiples paramètres dont la signification est mal perçue. Il n'est pas nécessaire de connaître la formule (5) définissant le coefficient de corrélation pour en demander le calcul par la machine ; mais une fois ce calcul réalisé, qu'en conclure ?

Coefficients de détermination

Une autre voie est possible. Les deux grandeurs considérées X et Y sont « liées », si la connaissance de l'une apporte une information sur l'autre ; à la limite le lien est total si la connaissance de l'une entraîne la connaissance de l'autre. La mesure de la liaison entre deux grandeurs peut donc être fondée sur cet apport réciproque d'information.

Pour avancer, il nous faut recourir à la notion de « variable condition », classique en raisonnement probabiliste.

Considérons donc deux variables X et Y mesurées sur une série d'objets. Isolons les objets pour lesquels la variable X a la valeur x ; pour ces objets, la variable Y a une certaine répartition caractérisée par une moyenne $M(Y/x)$ et une variance $V(Y/x)$; ce sont les moyenne et variance de Y « conditionnées » par la valeur x de X. Naturellement il y a autant de ces moyennes et variances conditionnées qu'il y a de valeurs de X ; nous admettons ici que celles-ci sont en nombre limité.

L'information apportée sur Y par la connaissance de X est totale, si elle permet de connaître exactement la valeur de Y, c'est-à-dire si la variance conditionnée est nulle ; on peut donc caractériser cet apport d'information par la réduction de la variance de Y entraînée par la connaissance de X. On est amené à définir un *coefficient de détermination de Y par X* par la formule :

$$(6) \qquad D_{Y/X} = 1 - \frac{M\,(V_{Y/X})}{V_Y}$$

où $M(V_{Y/X})$ est la moyenne, pour les diverses valeurs de X, des variances conditionnées de Y. Ce coefficient est égal à 1 lorsque toutes les variances conditionnées sont nulles, c'est-à-dire si la connaissance de X entraîne celle de Y.

Quant à l'interprétation du résultat $D = 0$, elle nécessite le calcul suivant : on peut montrer facilement que, sans aucune hypothèse sur la répartition de X et de Y, on a :

$$(7) \qquad V_Y = M(V_{Y/X}) + V(M_{Y/X}).$$

Autrement dit, la variance totale de Y peut être analysée en deux parts :
– la moyenne des variances conditionnées de Y pour les diverses valeurs de X,
– la variance des moyennes conditionnées de Y.
Il s'agit là d'une identité algébrique de démonstration immédiate.
Compte tenu de (7), la définition de $D_{Y/X}$ peut s'écrire

$$D_{Y/X} = \frac{V(M_{Y/X})}{V_Y}.$$

Lorsque D est nul, les diverses moyennes conditionnées de Y sont donc toutes égales, et les variances conditionnées sont, en moyenne, égales à la variance totale : autrement dit, la connaissance de X n'apporte aucune information sur la valeur moyenne de Y.

Cette fois nous disposons donc d'un paramètre d'interprétation immédiate. Le fait que son utilisation soit peu répandue résulte sans doute de son absence de symétrie. Nous voulions mesurer la liaison entre X et Y, et $D_{Y/X}$ nous permet de caractériser l'information apportée par X sur Y. Un second paramètre, le *coefficient de détermination de X par Y,* est nécessaire pour caractériser l'information apportée par Y sur X. Il est défini par

$$(8) \qquad D_{X/Y} = 1 - \frac{M(V_{X/Y})}{V_X} = \frac{V(M_{Y/X})}{V_X}.$$

Il n'y a, naturellement, aucune raison pour que les deux coefficients de détermination soient égaux, ou même voisins. Une variable peut apporter une grande information sur l'autre, sans que la réciproque soit vraie.
Exemple : Voici le cas très simple de deux variables

prenant chacune trois valeurs et observées chez 100 individus, avec la répartition suivante :

X Y	0	1	2
0	5	0	25
1	40	0	0
2	5	0	25

On en déduit :

$$E(X) = 1 \qquad V(X) = 1$$
$$E(Y) = 1 \qquad V(Y) = 0,6$$

et pour les moyennes et variances conditionnées :

$X =$	0	1	2		$Y =$	0	1	2
$M_{Y/X} =$	1	–	1		$M_{X/Y} =$	5/3	0	5/3
$V(Y/X) =$	0,2	–	1		$V(X/Y) =$	5/9	0	5/9

d'où

$$D(X/Y) = 2/3 \qquad D(Y/X) = 0.$$

Autrement dit, la connaissance de Y réduit en moyenne de deux tiers la variance de X, alors que la connaissance de Y ne modifie pas en moyenne celle de X. Y apporte donc une information importante sur X, tandis que X n'apporte en moyenne aucune information sur Y.

Si, entraîné par l'habitude, on calcule le coefficient de corrélation entre X et Y, on trouve : $r_{X,Y} = 0$, mais quel sens peut-on donner à un tel résultat ? En conclure qu'il n'y a pas de liaison entre les variables serait tout à fait erroné, puisque, comme nous l'avons vu, X est largement « déterminé » par Y.

Un cas particulier réconcilie les deux approches

Faisons maintenant l'hypothèse, très lourde mais nécessaire pour tout ce qui va suivre, que les moyennes conditionnées de Y sont des fonctions du premier degré des valeurs de X et réciproquement, c'est-à-dire que l'on peut écrire

$$(9) \qquad M_{Y/X} = M_Y + a(x - M_X)$$
$$M_{X/Y} = M_X + b(y - M_Y).$$

Autrement dit, si l'on place sur un graphique les points de coordonnées $(x, M_{Y/X})$, ils sont situés sur une droite, et de même les points de coordonnées $(M_{Y/X}, y)$.

Ces droites ont reçu un nom : ce sont les « droites de régression ». Mais méfions-nous cependant ; le mot ne crée pas la chose ; avant de parler d'une droite de régression, encore faut-il vérifier qu'elle existe, ce qui n'est, de très loin, pas toujours le cas.

Le coefficient a, introduit dans la première équation (9), représente la pente de la droite de régression de Y sur X ; on lui a donné le nom de « coefficient de régression de Y sur X ». De même b représente la pente, par rapport à l'axe des Y, de la droite de régression de X sur Y.

Remarquons que, compte tenu de (4) et de (9), on a :

$$(10) \qquad \text{cov} (X, Y) = aV_X = bV_Y$$

d'où, d'après (5) : $a = r \left(\dfrac{V_Y}{V_X} \right)^{1/2}$ et $b = r \left(\dfrac{V_X}{V_Y} \right)^{1/2}$. Lorsque

$r = 1$, les deux droites de régression sont donc confondues ; lorsque $r = 0$, elles sont parallèles aux axes de coordonnées.

Revenons au calcul des coefficients de détermination. On a, d'après (9) :

$$V(M_{Y/X}) = a^2 V_X \qquad V(M_{X/Y}) = b^2 V_Y.$$

D'où, compte tenu de (6) et de (10) :

$$(11) \qquad D_{Y/X} = \frac{a^2 V_X}{V_Y} = \frac{\text{cov}(X, Y)^2}{V_X V_Y} = r^2$$

et de même

$$D_{Y/X} = x^2.$$

Notre hypothèse de linéarité des lignes de régression, c'est-à-dire d'existence de « droites de régression », aboutit à ce résultat inattendu : les paramètres que nous avions introduits pour caractériser la liaison entre les variables ne sont pas, dans ce cas, indépendants. Les coefficients de détermination sont, sous cette hypothèse, tous deux égaux au carré du coefficient de corrélation. Les deux approches, celle concernant les moyennes, celle concernant les variances, sont donc dans ce cas équivalentes, mais dans ce cas seulement. Nous sommes capables, cette fois, de répondre à la question que nous avions posée : « Quelle est la signification d'un coefficient de corrélation égal à 0,40 ? » Il signifie que la connaissance d'une des grandeurs réduit la variance de l'autre de $0,40^2 = 0,16$. Mais le paramètre le plus proche de notre intuition (de notre vision) de la dispersion est l'écart type. Lorsque la variance est réduite de 16 %, l'écart type est réduit de $1 - 0,84^{1/2} = 0,08$.

On voit sur cet exemple l'effet pervers de la définition même du coefficient de corrélation : gonfler artificiellement les nombres censés mesurer la liaison. Alors que la connaissance d'une variable ne réduit que de 8 % (ce qui est bien peu) la plage de dispersion de l'autre variable, le coefficient de corrélation atteint 0,40 (ce qui peut sembler le signe d'une liaison déjà fort importante).

Pourquoi le succès du coefficient de corrélation ?

On peut se demander si le succès, vraiment excessif, rencontré par le coefficient de corrélation n'est pas dû à son pouvoir de camoufler l'imprécision des concepts, et de donner l'illusion d'une liaison importante entre les variables étudiées, alors que cette liaison est très ténue.

Un cas récent montre le danger de ces interprétations. Un psychologue connu, H. Eysenck, a voulu démontrer la stabilité du quotient intellectuel mesuré chez les enfants. Pour cela, il a déterminé ce QI chez un ensemble d'enfants de 5 ans, puis, onze années plus tard, chez les mêmes enfants âgés donc de 16 ans. Il dit avoir constaté un coefficient de corrélation de 0,80 entre ces deux séries de mesures. Il en conclut que la connaissance de la note à 5 ans permet de prévoir la note à 16 ans avec « une remarquable précision ». On imagine les conséquences que cet auteur en tire sur la signification du QI et son utilisation dans l'orientation scolaire [1].

En fait, comme on sait, l'écart type du QI est, par définition, de 15 points ; la connaissance de la note à 5 ans réduit l'écart type de la note à 16 ans à : $15 \times (1 - 0,80^2)^{1/2} = 9$; autrement dit, sachant que la note à 5 ans est, par exemple, 110, on peut formuler comme prédiction : « à 16 ans, la note de cet enfant a 95 % de chances de se trouver dans la plage 90-126 ». Il faut un certain aplomb, ou beaucoup d'inconscience, pour prétendre que cette prédiction est « remarquablement précise » ; n'importe quel devin ferait aussi bien [28]. La base de l'erreur est l'impression produite par le nombre 0,80. Comme il est plus proche de 1 que de 0, on imagine

1. H.C. Eysenck, « Révolution dans la théorie et la mesure de l'intelligence », *Revue canadienne de psycho-éducation 12,* 1983, p. 3-17.

qu'il correspond à une très forte liaison ; ce qui est faux.

De même l'expression classique « ce coefficient est significatif » est particulièrement trompeuse. Elle est utilisée dans le cas (que nous n'avons pas envisagé ici) où l'on ne connaît qu'un échantillon de la population. La mesure n'a pu porter que sur une fraction de l'ensemble pour lequel on aurait voulu calculer le coefficient de corrélation r. Le résultat que l'on a obtenu, r', est certes une estimation de r, mais il dépend des hasards de l'échantillonnage, hasards dont l'effet est d'autant plus important que l'effectif observé est plus petit. Si l'on a obtenu un résultat r différent de zéro, on se pose la question : « si, en fait, le coefficient de corrélation est, dans l'ensemble de la population, égal à zéro, la valeur r' obtenue peut-elle être expliquée par le seul effet de la petitesse de l'échantillon ? ». Si la réponse est « non », on dit que la valeur de r' est « significativement différente de zéro ». Mais bien souvent l'on abrège l'affirmation en disant que cette valeur est « significative », expression fort dangereuse car, pour autant, on ne sait rien de la signification de r'.

Ce processus est classique : pour donner l'illusion qu'un mot, ou un paramètre, a un sens, il suffit de le répéter. L'usage d'un concept fait croire à la longue qu'il est défini. Le calcul des coefficients de corrélation correspond souvent plus à un geste rituel imposé par la religion statistique qu'à une tentative lucide de compréhension de la réalité qui se cache au-delà de nos observations.

Il m'a semblé nécessaire de procéder à cette mise au point. En effet, l'essentiel des démarches de la sociobiologie consiste à comparer des observations réalisées dans divers milieux ou chez diverses espèces. Lorsque ces observations s'y prêtent, les comparaisons sont soustendues par des calculs mettant bien souvent en évidence des coefficients de corrélation. Cette méthode peut être excellente, encore faut-il ne pas être victimes d'illusions à propos de la signification de ces nombres. Lorsque les concepts sont flous, la tentation est grande de leur donner un semblant de précision en leur accolant des paramètres mesurables. Le résultat n'est guère meilleur que celui obtenu en repeignant une façade qui menace ruine. Mais le lecteur et parfois l'auteur lui-même peuvent s'y laisser prendre.

Le danger est d'autant plus grand que l'apparence de sophistication mathématique est plus impressionnante ; l'usage d'un terme constamment utilisé par les généticiens et par les sociobiologistes, « héritabilité », est sans doute l'exemple qui met le mieux ce danger en évidence.

7. Un concept à trois facettes, l'héritabilité

A plusieurs reprises, dans des ouvrages antérieurs [26, p. 139, et 27, p. 45 et 123], j'ai insisté sur l'ambiguïté du terme « héritabilité » et sur les pièges que recèlent les techniques d'analyse de la variance permettant de calculer les divers paramètres ainsi désignés. Il me semble toutefois nécessaire de rassembler ici l'essentiel de l'argumentation, tant ce concept est au centre de nombreux raisonnements des sociobiologistes.

Il s'agit du problème central, celui posé par la ressemblance entre les enfants et les parents. « Tel père, tel fils », affirme la soi-disant sagesse des nations. Un tel dicton aurait pu être à bon droit accepté par une société de bactéries ou d'algues bleues, capables de se reproduire. Il est conforme au processus de transmission conforme aux schémas n°s 1 ou 3, correspondant au cas où le procréé provient d'*un* procréateur ; il en est nécessairement la copie, tout au moins à son origine. Mais dès qu'intervient la « boîte noire » des êtres intermédiaires, le procréé est issu de *deux* procréateurs, ce qui modifie de fond en comble la problématique. L'intervention du milieu (schéma n° 6) puis celle de la société (schéma n° 9) ne font qu'accroître la difficulté du problème. Mais il ne sert à rien de camoufler cette difficulté par des phrases ambiguës ou des formulations mathématiques irréalistes ; il est nécessaire de l'affronter en adaptant le traitement mathématique à la réalité et non l'inverse.

C'est malheureusement cette démarche inverse qui est suivie bien souvent, et en premier lieu par le père de la sociobiologie, Edward Wilson lui-même, lorsqu'il écrit : « La variance phénotypique est basée à la fois sur des effets génétiques clairement distincts et sur des effets environnementaux purement exogènes... La proportion de la variance totale d'un caractère donné attribuable à l'effet moyen des gènes dans un certain environnement est l'*héritabilité* de ce caractère... La variance phénotypique V_P est la somme de la variance génétique V_G et de la variance environnementale V_e » [62, p. 68].

Autrement dit, selon Wilson, la dispersion d'une caractéristique observée, telle qu'elle est mesurée par la variance totale V_P, peut être analysée en deux parts, l'une correspondant à l'effet propre des gènes V_G et l'autre à l'effet propre de l'environnement V_E ; ce qui permet d'écrire $V_P = V_G + V_E$ et de définir l'héritabilité par le rapport :

$$(1) \qquad h^2 = \frac{V_G}{V_G + V_E}.$$

Le malheur est que la dernière affirmation ($V_P = V_G + V_E$) n'est vraie qu'au prix d'hypothèses en parfaite opposition, le plus souvent, avec les conditions rencontrées concrètement. Nous allons le montrer en précisant chaque étape du raisonnement.

L'héritabilité et la part des gènes dans la dispersion des caractéristiques individuelles

Le problème posé est d'isoler les effets globaux du patrimoine génétique dans la différenciation du caractère étudié selon les individus. Il ne peut être abordé qu'en mettant en jeu quelques procédures complexes.

Considérons donc un caractère C défini rigoureusement chez chaque individu par son génotype G et par le milieu E dans lequel il vit, et admettons qu'aucun effet aléatoire n'intervient ; dans un milieu e_k donné, les individus ayant le génotype g_i ont tous, par hypothèse, pour le caractère C, la mesure C_{ik}. Il est tentant d'attribuer à chaque génotype g_i un effet propre x_i sur le caractère étudié, et de même à chaque milieu e_k un effet propre y_k. En appelant $\bar{C}$ la moyenne générale des mesures de C, on pourrait alors écrire

$$(2) \qquad C_{ik} = \bar{C} + x_i + y_k$$

ce qui analyse « clairement », pour reprendre l'expression de Wilson, la mesure phénotypique en ses deux composantes, génétique et environnementale.

Ayant mesuré les divers C_{ik}, la poursuite du raisonnement consiste à calculer les termes x_i et y_k de façon à satisfaire les relations (2). Mais s'il y a n génotypes différents dans la population étudiée et si celle-ci est plongée dans m milieux distincts, le nombre de combinaisons possibles est $n \times m$. Le système (2) comporte donc $n \times m$ équations, alors que le nombre des inconnues est égal à $n + m$ (n effets génétiques, m effets environnementaux). Dès que n ou m sont supérieurs à 2, $n \times m$ est supérieur à $n + m$, et le système (2) comporte plus d'équations que d'inconnues.

Sauf cas particuliers qui relèvent du miracle, il n'a pas de solution. L'analyse en deux parts, génétique et environnementale, est tout simplement, en général, dénuée de sens. Si l'on veut poursuivre dans cette direction tout en restant réaliste, force est de renoncer à l'équation (2) et de lui substituer une relation introduisant un terme supplémentaire :

$$(3) \qquad C_{ik} = \bar{C} + x_i + y_k + d_{ik}$$

où d_{ik} est l'« interaction entre le génotype g_i et le milieu e_k » ; l'ensemble de ces termes d mesure l'écart entre le modèle purement additif exprimé par (2) et la réalité.

Cette fois, le système de $m \times n$ équations (3) comporte $m + n + mn$ inconnues (les m valeurs des x_i, les n valeurs des y_k et les mn valeurs des d_{ik}) ; il est donc possible de lui adjoindre $m + n$ équations correspondant à des critères arbitrairement adoptés. Il est de bonne stratégie, afin d'aider notre esprit à mieux comprendre la signification du modèle obtenu, de donner le poids le plus grand possible aux paramètres x et y, correspondant aux effets additifs facilement appréhendés, et le poids le plus faible aux d_{ik}, effets d'interaction dont l'interprétation est malaisée. Cet objectif est facilement atteint en annulant les dérivées par rapport aux x_i et par rapport aux y_k de la somme des carrés des d_{ik} pondérées par les fréquences des associations g_i, e_k [29].

On obtient ainsi $m + n$ équations qui complètent le système (3) ; il comporte alors autant d'équations que d'inconnues et peut être facilement résolu. Nous sommes ainsi en mesure d'analyser la valeur du caractère observé pour chacune des combinaisons {génotype × milieu} en trois parts :

– l'effet propre des gènes,
– l'effet propre du milieu,
– l'effet d'interaction entre gènes et milieu.

Si l'on en revient alors à l'analyse de la variance du caractère C, la relation (3) nous oblige à écrire

$$(4) \qquad V_C = V_X + V_Y + V_D + \mathrm{cov}(X, Y).$$

On peut montrer en effet que les covariances $\mathrm{cov}(X, D)$ et $\mathrm{cov}(Y, D)$ sont nulles en raison de la façon dont nous avons obtenu nos $m + n$ équations complémentaires en minimisant la somme des carrés des d_{ik}. L'analyse de la variance du phénotype observé aboutit donc non à deux termes (variance génétique V_X, variance environnementale V_Y) comme l'affirme Wilson, mais à quatre ; les deux termes supplémentaires représentent :

– la variance des effets d'interaction, V_D,
– la covariance entre les effets propres aux gènes et les effets propres aux milieux, $\mathrm{cov}(X, Y)$.

Le premier correspond au fait que le même milieu peut avoir des effets différents sur le caractère étudié, selon le génotype de l'individu, et réciproquement. Il s'agit là d'un phénomène extrêmement général ; tel génotype est favorable dans un milieu sec, défavorable dans un milieu humide, tel milieu est bénéfique pour les individus ayant certains génotypes, maléfique pour les autres. Toute la théorie de l'évolution adaptative des espèces est fondée sur le fait que ces interactions sont d'un grand poids dans le déterminisme des caractères.

Le second terme est d'une tout autre nature : il correspond non à la façon dont le génotype et le milieu agissent conjointement sur la caractéristique étudiée, mais à la façon dont la population se répartit entre les divers génotypes et les divers milieux. Il est possible en effet que les fréquences des divers génotypes ne soient pas les mêmes dans les divers milieux ; autrement dit, la proportion f_{ik} des individus ayant le génotype y_i et vivant dans le milieu e_k n'est pas toujours égale au produit $f_i \times f_k$ des fréquences marginales. Supposons par exemple que le génotype g_2 soit présent chez 30 % des individus et que le milieu e_4 soit occupé par 50 % de la population. S'il y avait répartition aléatoire, et donc une « covariance » nulle entre le milieu et le génotype, la fréquence $f_{2,4}$ des individus g_2 vivant dans e_4 serait de 15 %. Mais il se peut que la possession de génotype g_2 entraîne une préférence pour le milieu e_4 alors que les autres génotypes s'en écartent ; $f_{2,4}$ peut alors être très supérieur à 0,15.

Ce sont de tels écarts dans la répartition des individus qui sont pris en compte par le terme $cov(X, Y)$. Là encore il s'agit d'un effet qui n'est en général nullement négligeable. Il résulte du comportement d'adaptation aux milieux disponibles des divers sous-groupes qui composent la population.

Pour définir l'*héritabilité* par la relation (1) il nous faut donc faire deux hypothèses aussi lourdes, aussi irréalistes l'une que l'autre :

– tous les termes d'interaction entre le génotype et le milieu sont nuls : chacun de ces deux facteurs apporte sa contribution à la réalisation du caractère indépendamment de l'autre ;

– la répartition entre les divers milieux des individus appartenant à la population est la même quel que soit leur génotype.

Il est clair que ces deux hypothèses ne peuvent guère être avancées que dans quelques cas particuliers, notamment lorsque le déterminisme de la caractéristique considérée est simple ; dès que ce déterminisme devient complexe, ces deux termes prennent de l'importance. Et pourtant ces deux hypothèses sont nécessaires pour fonder la définition même de l'héritabilité. Il est toujours possible de calculer un paramètre désigné par le symbole h^2, mais le recours à l'ordinateur le plus puissant ne donne pas le moindre sens au nombre trouvé, puisqu'il ne peut être défini.

Tel est le cas par exemple pour la recherche de l'héritabilité du fameux quotient intellectuel, à propos de laquelle le généticien américain Oscar Kempthorne exprime son étonnement : « Dans le contexte du QI humain, l'héritabilité n'a même pas d'existence. Pourquoi argumenter à propos de ce nombre issu de notre imagination ? » [30 et 37]. Cet aboutissement peut sembler décevant. Puisque, chacun l'admet, la réalisation d'une caractéristique dépend des informations génétiques reçues et des apports du monde extérieur au cours de l'aventure vécue, il paraît bien naturel d'attribuer à chacune de ces deux séries de causes une « part » dans la diversité des résultats finalement obtenus. En réalité, ce n'est qu'une illusion due à notre tendance à plaquer sur les phénomènes extérieurs des modèles additifs, du type décrit par la relation (2). Mais le monde qui nous entoure ne se prête à ce genre de modèles qu'au prix de précautions multiples et parfois d'un changement de définition du paramètre utilisé pour le décrire. Dans une première approximation, à condition de ne pas trop s'éloigner des conditions observées au départ, l'addition nous permet d'obtenir des résultats corrects, mais un jour vient où il faut l'abandonner. Tel est le cas pour une caractéristique apparemment intuitive et claire, la vitesse : jusqu'au début du XXe siècle, nous avons appris à les additionner ; Einstein nous a montré que c'était une erreur. Certes, cette erreur est insignifiante tant que l'on ne s'approche pas trop de la vitesse de la lumière, mais elle est, conceptuellement, décisive : en fait, ce n'est pas la vitesse qui est additive, mais une fonction complexe de celle-ci que l'on appelle la rapidité.

Dans le cas de l'héritabilité, il n'est pas nécessaire d'évoquer des conditions extrêmes pour que l'additivité soit une approximation si grossière qu'elle est inacceptable ; de façon générale le concept d'héritabilité, lorsqu'il est fondé sur l'hypothèse d'additivité, n'a aucune signification.

L'héritabilité et l'effet individuel de chaque gène

Devant une affirmation aussi grave, de nombreux généticiens réagissent vivement ; ils utilisent l'héritabilité dans leur pratique quotidienne, et ce concept se révèle extrêmement efficace. Les chercheurs qui s'efforcent de trouver les meilleures méthodes d'amélioration des espèces végétales ou animales fondent la plupart de leurs raisonnements sur l'héritabilité des caractères étudiés. Si ce paramètre permet d'agir au mieux, comment prétendre qu'il est dépourvu de sens ?

C'est qu'en fait le même mot est utilisé, mais la définition a totalement changé. Il ne s'agit plus d'analyser les variations d'une caractéristique en fonction des différences génétiques et des différences de milieux, mais, dans un milieu donné, d'analyser des différences génétiques globales en parts dues aux effets individuels des divers gènes qui interviennent. Cette démarche est celle à laquelle sont naturellement conduits les sélectionneurs. Le gestionnaire du troupeau affecte certains individus à la reproduction parce qu'ils présentent des caractéristiques favorables. Ils doivent celles-ci aux gènes qu'ils possèdent ; mais ils n'en transmettent que la moitié. En un locus donné, l'individu sélectionné a le génotype *(aa') ;* grâce à ce génotype il apparaît comme un des « meilleurs » ; mais ses descendants ne recevront que *a* ou que *a' ;* pour fonder la méthode de sélection, il est donc nécessaire de connaître l'effet individuel de chaque gène.

Supposons, par exemple, que la caractéristique prise en considération soit sous la dépendance de gènes situés en 2 locus ; chaque individu possède au total, en ces locus, 4 gènes, *a* et *a'* au premier, *b* et *b'* au second. Il est tentant de chercher à attribuer à chaque gène un effet propre et d'admettre que l'effet de la combinaison *(aa', bb')* est égal à la somme des 4 effets, c'est-à-dire d'écrire :

$$(5) \qquad C_{aa', \ bb'} = \bar{C} + x_a + x_{a'} + y_b + y_{b'}.$$

Malheureusement, pour la même raison que dans le cas de la relation (2), une telle équation ne peut être écrite, sauf dans des cas très particuliers ; il est nécessaire d'ajouter des termes correspondant à l'interaction entre les deux gènes situés en un même locus (c'est l'effet dit de « dominance ») et entre les gènes situés en des locus différents (c'est l'effet dit d'« épistasie ») ; nous sommes donc contraints d'écrire :

$$(6) \ C_{aa', \ bb'} = \bar{C} + x_a + x_{a'} + y_b + y_{b'} + d_{aa'} + d_{bb'} + e_{aa', \ bb'}.$$

Comme dans l'analyse des effets du génotype et du milieu, nous pouvons rechercher la décomposition qui minimise les effets d'interaction que notre esprit maîtrise mal, c'est-à-dire les paramètres *d* et *e*, et maximise les effets additifs *x* et *y*. Cet objectif peut être atteint par la méthode d'annulation des dérivées partielles décrite précédemment.

La variance de la caractéristique *C*, V_C peut alors être analysée en variance V_A des effets additifs et variance V_I des effets d'interaction, la covariance entre ces effets étant nulle en raison du procédé utilisé pour minimiser les *d* et *e*.

On désigne alors par héritabilité le rapport :

$$(7) \qquad h_N^2 = \frac{V_A}{V_C}.$$

Il s'agit évidemment d'un paramètre tout différent de celui défini par (1) ; pour éviter les contresens entraînés par cette ambiguïté, les chercheurs anglo-saxons dénomment le rapport (7) *narrow heritability,* héritabilité au sens étroit ; celui défini par (1) étant le *broad heritability,* ou héritabilité au sens large. Ces précautions de langage sont nécessaires, mais il est bien évident que, dans la pratique courante, elles ne sont pas toujours respectées. Le risque est alors grand de mesurer une héritabilité avec une définition, et de l'utiliser dans des raisonnements qui impliquent l'autre définition.

Il n'est pas besoin d'imaginer des situations extrêmes pour constater une différence significative entre les paramètres mesurant, pour un même caractère, ces deux héritabilités. Tel est le cas pour les maladies, telles que la mucoviscidose, entraînées par la présence en double dose du gène responsable. Le milieu n'intervient pas, la variance constatée entre les individus est entièrement due aux différences génétiques, l'« héritabilité au sens large » de ce trait est donc égale à 1.

Les calculs permettant de calculer V_A peuvent, dans ce cas, être menés facilement [25, p. 23] ; ils aboutissent à une « héritabilité au sens étroit » égale à $\dfrac{2f}{1+f}$ où f est la fréquence du gène responsable de la maladie ; on sait que, pour la mucoviscidose, cette fréquence est, en Europe, de l'ordre de 2 %, d'où $h_N^2 = 0,04$, 25 fois moins que l'héritabilité au sens large. Les confondre peut évidemment conduire aux pires absurdités.

Héritabilité au sens étroit et ressemblance entre apparentés

L'intérêt principal de h_N^2 est de permettre d'expliquer la ressemblance entre individus apparentés, à condition que le milieu soit suffisamment homogène et que le lien parental ne soit pas trop complexe. Cette ressemblance, nous l'avons vu au chapitre précédent, peut être caractérisée par le coefficient de corrélation.

Sa cause biologique, si l'on admet que le milieu est constant ou qu'il intervient peu sur le caractère étudié, est la possession par les apparentés de gènes « identiques », c'est-à-dire de gènes qui sont deux copies d'un même gène ancêtre. Ainsi, en chaque locus, un père et un fils ont chacun un gène identique à un gène de l'autre.

Pour deux frères, les choses sont déjà plus compliquées : chacun a reçu son patrimoine pour moitié du père et pour moitié de la mère ; mais ces moitiés ont été choisies par une loterie qui a pu aboutir à des résultats différents pour chacun des frères. Une analyse simple montre que trois cas sont possibles pour un locus donné :

– ou bien ils ont reçu chacun le même gène du père et le même gène de la mère ; chaque gène d'un frère est donc identique à un gène de l'autre ;

– ou bien cela ne s'est produit que pour l'un des parents ; chaque frère possède un seul gène identique à un gène de l'autre ;

– ou bien cela ne s'est produit pour aucun des parents ; les frères ne possèdent en ce locus aucun gène identique.

Les probabilités de ces trois cas sont facilement calculées : 1/4, 1/2, 1/4.

On peut montrer que tout apparentement est ainsi mesuré par une série de probabilités, ce sont les « coefficients de parenté » dont le nombre, dans le cas de généalogies enchevêtrées, peut aller jusqu'à 9 [24]. Nous y reviendrons au chapitre 9.

La connaissance, dans les cas de parenté simples, d'une part, de ces coefficients, d'autre part, de l'analyse de la variance totale V_C en une part V_A correspondant aux effets additifs des gènes et une part V_I due aux effets d'interaction, permet de calculer le coefficient de corrélation entre individus apparentés.

Dans le cas du lien père-fils, on obtient

$$(8) \qquad \mathrm{corr}\ (PF) = \frac{1}{2}V_A/V_C = \frac{1}{2}h_N^2$$

et, dans le cas de deux frères ou sœurs,

$$(9)\quad \mathrm{corr}\ (FS) = (\frac{1}{2}V_A + \frac{1}{4}V_I)\,/V_C = \frac{1}{2}h_N^2 + \frac{1}{4}\frac{V_I}{V_C}.$$

Notons que dans le premier cas la corrélation s'exprime uniquement en fonction de l'héritabilité au sens étroit, mais que ce n'est déjà plus vrai pour le cas, pourtant bien élémentaire, de deux frères.

Lorsque l'on cherche à déterminer la meilleure méthode en vue de modifier, de génération en génération, telle caractéristique d'un troupeau ou d'une production végétale, l'intensité de la ressemblance entre les procréateurs et les procréés est évidemment le facteur décisif. Le sélectionneur a en effet le choix entre diverses stratégies ; il peut, par exemple, adopter la sélection individuelle (seuls les individus ayant des caractéristiques favorables sont appelés à procréer), ou la sélection familiale (les familles ayant la meilleure moyenne pour la caractéristique recherchée sont globalement sélectionnées, sans tenir compte des écarts entre les membres d'une même famille), ou encore la sélection intrafamiliale (dans chaque famille, le meilleur est sélectionné sans tenir compte de la performance globale de la famille), etc. [19, p. 225].

Dans chaque cas, il est possible de prévoir la « réponse » à la pression de sélection ainsi exercée, c'est-à-dire la variation à chaque génération de la caractéristique mesurée ; cette prévision prend en compte l'analyse de la variance totale V_C entre V_A et V_I, ce qui donne à cette analyse une grande valeur aux yeux des praticiens.

Cet intérêt pratique, concret, n'est pas mis en doute ; mais il n'est nullement le signe que le modèle sous-jacent soit proche de la réalité. En fait, les corrélations utilisées peuvent être regardées comme le résultat de mesures empiriques, permettant d'avancer des prévisions pour le résultat de telle stratégie, sans qu'il soit nécessaire de justifier les calculs réalisés par un modèle génétique tel que celui exprimé par des équations du type de (6). D'ailleurs, les éleveurs avaient su agir efficacement bien avant que Mendel ne leur dévoile la nature de ce qui est transmis entre les générations.

Notons enfin que la relation (8) est à l'origine d'une troisième définition de l'héritabilité. Dans les conditions où l'« héritabilité au sens étroit » peut être définie, c'est-à-dire essentiellement dans le cas où le milieu extérieur est constant, c'est-à-dire où les seules variations constatées sont dues à la diversité des génotypes, h_N^2 est égal au double de la corrélation entre procréateur et procréé. Il est fréquent de mesurer cette corrélation et de dénommer « héritabilité » le double du nombre obtenu. Le plus souvent, en fait, cette mesure est faite dans des environnements variés, ce qui rend non valide la relation (8). On se trouve donc réellement devant un nouveau concept, l'« héritabilité biométrique », mesure d'une ressemblance observée, cette troisième « héritabilité » ne pouvant être reliée à l'« héritabilité au sens étroit » que dans le cas particulier où la relation (8) est valable.

Terminons par une remarque importante. La façon même dont ces termes s'ont définis risque de faire prendre pour intenses des liaisons qui sont en fait très faibles. Supposons que nous étudions une caractéristique dont la valeur moyenne et l'écart type dans chaque génération sont égaux respectivement à 100 et à 15 (c'est le cas, on le sait, du quotient intellectuel) et que nous constatons que son « héritabilité biométrique » est égale à 0,80 ; un tel nombre, proche de 1, apparaît comme très élevé ; le lecteur, devant une telle affirmation, se croit en droit de conclure que, pour cette caractéristique, les enfants ressemblent beaucoup aux parents. Est-ce si sûr ? Faisons le calcul pour l'ensemble des pères ayant la valeur 120 ; leurs fils ont une répartition dont

– la moyenne est : $100 + \dfrac{0,80}{2}(120\text{-}100) = 108$,

– l'écart type : $15 \times \left[1 - \left(\dfrac{0,80}{2}\right)^2\right]^{1/2} = 13,7$.

L'imprécision sur la mesure de la caractéristique chez un individu n'est ainsi réduite que de 9 % par l'information concernant un de ses parents, ce qui n'est guère le signe d'une grande liaison.

Finalement, nous nous trouvons face à trois mesures totalement différentes, désignées par le même terme, et dont les définitions ne se rejoignent que dans quelques cas particuliers :

– l'héritabilité au sens large correspond à une tentative de compréhension des diverses « causes » de la ressemblance entre apparentés ;

– l'héritabilité au sens étroit résulte d'un effort en vue d'améliorer l'efficacité de la sélection artificielle ;

– l'héritabilité biométrique est une mesure de la ressemblance observée entre parents et enfants.

Lorsque le sociobiologiste s'intéresse à la transmission d'une caractéristique entre les générations, il ne peut que mesurer le résultat d'une observation, c'est donc le troisième concept qu'il évoque. Mais au-delà d'un constat, il veut dégager les mécanismes à l'œuvre, il veut comprendre les imbrications entre le milieu et le patrimoine génétique, entre l'acquis et l'inné ; il utilise alors le premier concept. Enfin, il peut chercher à préciser le jeu des divers gènes à l'œuvre et il introduit la deuxième définition.

Raymond Devos nous amuse en jouant sur les euphonies et se demande « Quand part le train pour Caen » ; encore ces mots, s'ils ont la même prononciation, ont-ils des écritures différentes. La confusion est pire, mais elle ne nous amuse plus, lorsque des mots identiques sont chargés de sens différents ; il peut paraître étrange que des scientifiques se laissent prendre à de tels pièges.

Les héritabilités et la comparaison des divers types de jumeaux

L'imprécision sur la définition du mot héritabilité a eu quelques conséquences fâcheuses sur l'interprétation de recherches, par ailleurs fort rigoureuses, menées sur les paires de jumeaux. On sait que ceux-ci sont classés en deux types selon qu'ils sont soit « monozygotes » ou « vrais », soit « dizygotes » ou « faux ». Les premiers résultent d'une seule fécondation – ils ont donc rigoureusement le même patrimoine génétique – tandis que les seconds résultent de deux fécondations distinctes – leurs patrimoines génétiques ont donc la même correspondance que ceux de deux frères ou sœurs.

En fait, une telle classification est excessivement simplifiée ; elle ne tient pas compte de la façon dont les jumeaux partagent ou non les mêmes conditions durant leur vie intra-utérine. On sait en effet que le fœtus est séparé de l'organisme maternel par une série d'enveloppes, amnios, chorion et placenta. Les jumeaux DZ ont toujours des amnios et des chorions distincts mais peuvent être soit dans le même placenta (environ 45 % des cas), soit dans des placentas distincts (55 %). Les jumeaux MZ peuvent se trouver

– dans le même amnios, le même chorion, le même placenta (environ 5 % des cas) ;

– dans deux amnios, mais un seul chorion et un seul placenta (50 %) ;

– dans deux amnios, deux chorions et un même placenta (15 %) ;

– enfin dans des amnios, des chorions et des placentas distincts (30 %) [58, p. 537].

Il est clair qu'à la naissance ces diverses conditions ont des conséquences non négligeables sur la plus ou moins grande ressemblance des jumeaux. Mais l'absence générale de données à ce sujet amène à n'en tenir pratiquement jamais compte. De même l'assimilation, du point de vue de leur similarité génétique, des jumeaux DZ à des frères ou sœurs n'est pas aussi dépourvue de difficultés qu'on pourrait le croire. Il semble en effet que le nombre des conceptions gémellaires soit assez nettement supérieur à celui des naissances gémellaires. La sélection intra-utérine ne serait pas homogène ; il se peut que certaines paires de jumeaux se révèlent incompatibles, et que l'un d'eux soit très rapidement éliminé sans que la mère elle-même en ait conscience. Seules subsisteraient jusqu'à la fin de la gestation les paires les plus compatibles, les autres aboutissant à la naissance de « singletons ». Les observations de jumeaux DZ porteraient donc nécessairement sur un échantillon soumis à une sélection, donc biaisé.

En dépit de ces restrictions, il est clair que la comparaison des paires de jumeaux de diverses catégories peut nous apporter des informations précieuses. Dès les débuts de la biométrie, à la fin du siècle dernier, l'accent a été mis sur ces études par Francis Galton et, depuis, le filon a été largement exploité. L'idée centrale est que, si les jumeaux MZ se ressemblent plus que les jumeaux DZ, la cause en est leur similitude génétique plus grande. Encore faut-il passer de cette affirmation à une formulation précise.

Pour effectuer cette comparaison entre les DZ et les MZ, il est classique de calculer un certain paramètre H défini par

$$(10) \qquad H = \frac{V_{DZ} - V_{MZ}}{V_{DZ}}$$

où V_{DZ} est la moyenne des carrés des écarts constatés entre les jumeaux appartenant à une même paire de DZ, et V_{MZ} la même moyenne calculée sur un ensemble de jumeaux MZ [8, p. 574].

Entraînés sans doute par la ressemblance entre les symboles, certains auteurs présentent H comme l'« héritabilité » du caractère étudié. En fait, cette assimilation ne peut être faite sans de multiples hypothèses, rarement proches de la réalité. On peut montrer [25] que le paramètre H défini par (10) est assez voisin du paramètre h_L^2 défini par (1), à condition que les effets d'interaction entre le génotype et le milieu ainsi que leur covariance soient négligeables, et que les effets du milieu sur les deux membres d'une paire de jumeaux soient corrélés de façon identique pour les DZ et pour les MZ.

Il ne s'agit pas là de conditions insignifiantes ; dès qu'elles ne sont pas strictement remplies, le résultat obtenu perd tout sens. Pour montrer combien l'on peut facilement aboutir à des absurdités lorsque l'on ne vérifie

pas que les conditions de validité sont bien remplies, il
suffit de calculer H pour un trait bien défini, la longueur
des jupes des petites filles, dans une population où les
mœurs sont telles que les parents de jumelles MZ les
habillent de façon semblable dans 3 familles sur 4, et les
parents de jumelles DZ dans 2 familles sur 4 (ce qui correspond au désir, semble-t-il, fréquent des parents de différencier les DZ et de rapprocher les MZ). Ce simple
écart entre les corrélations des effets du milieu sur les
membres d'une même paire, selon que celle-ci est MZ ou
DZ, aboutit à une valeur de H égale à 0,66, soit une
« héritabilité » supérieure à celle de l'indice céphalique
ou de l'hypertension artérielle.

Bien sûr, un chercheur obtenant une telle valeur élevée
de H pour la longueur des jupes n'en conclurait pas que
ce trait est « génétiquement déterminé », car il sait que le
patrimoine génétique n'intervient guère dans le processus de détermination de cette caractéristique. Il refoule-
rait l'interprétation biologique du paramètre H en raison
du mécanisme qui gouverne le caractère en question.
Symétriquement, lorsque ce mécanisme est inconnu, il
n'est pas licite d'interpréter une valeur élevée de H
comme le signe d'un déterminisme génétique.

Le pire danger vient sans doute de ce que l'application
de la relation (10) aboutit toujours, quelle que soit la
validité des données, à un nombre, dont on peut calculer
plusieurs décimales. La fascination opérée par les
nombres est telle que l'on risque fort de se contenter de
ce résultat et d'oublier de s'interroger sur sa signification.
Or bien souvent l'héritabilité qu'il est censé mesurer
n'est simplement pas définissable. A quoi sert de
connaître un paramètre λ avec plusieurs décimales, si λ
ne représente rien ?

Rappelons enfin que les études de jumeaux ont été
l'occasion d'un des grands scandales scientifiques de ce
siècle ; à côté de l'« affaire Lyssenko », l'« affaire Burt »
n'apparaît pas moins grave. Ce psychologue anglais,
mort en 1970, avait tout simplement inventé les observations qu'il prétendait avoir faites sur des jumeaux MZ
élevés séparément. Son objectif était de démontrer

« scientifiquement » l'héritabilité des facultés intellectuelles et donc leur caractère inné. Cette affaire ne discrédite évidemment pas les nombreuses recherches parfaitement honnêtes menées dans ce domaine ; mais elle montre la nécessité d'infinies précautions, tant la défense des idéologies risque de prendre le pas sur le respect de la rigueur.

8. Être ou ne pas être darwinien

Les nécessaires remises en cause des théories progressivement élaborées pour expliquer l'évolution du monde vivant aboutissent souvent à tenter de classer les protagonistes des discussions en deux catégories ; les uns seraient « darwiniens » et les autres « non darwiniens » ou même « antidarwiniens ».

Rien n'est plus dangereux qu'une telle simplification, qui aboutit presque nécessairement à des oppositions du type guerres de religion, avec leurs anathèmes et leurs excommunications. Un auteur aussi riche que Darwin ne peut évidemment entraîner l'adhésion sur l'ensemble de ses écrits ; réfuter certaines de ses vues ne signifie pas un rejet de l'ensemble.

Si être « cartésien » signifie être d'accord avec toutes les affirmations de René Descartes, alors personne n'est plus cartésien ; car qui croit encore, comme il l'affirmait, que l'hypophyse est le siège de l'âme ? Ceux qui mettent cela en doute doivent-ils être présentés comme des non-cartésiens ou même des anticartésiens ?

Il est donc inutile de se présenter comme darwinien ou non darwinien, ou d'affubler les autres de ces étiquettes ; cela n'a guère de sens. Il convient, par contre, de prendre position face aux divers aspects de la théorie qu'il a proposée et, pour cela, d'en préciser tout d'abord le contenu [49].

Le darwinisme de Darwin

L'essentiel de sa pensée a été exposé dans *L'Origine des espèces,* ouvrage publié en 1859. Il a présenté ce texte, à sa parution, comme un résumé du grand traité qu'il avait en chantier depuis de nombreuses années. Cette publication hâtive lui a semblé nécessaire, car le naturaliste Alfred Russel Wallace venait d'aboutir aux mêmes conclusions. Lors de ses explorations en Malaisie et dans les îles voisines, ce dernier avait beaucoup observé, et, au cours d'une fièvre, avait imaginé un mécanisme expliquant l'évolution ; il en fit l'exposé à son lointain collègue Darwin. Celui-ci aurait préféré attendre des temps meilleurs pour exprimer sa pensée, car il prévoyait la vigueur des oppositions ; mais un plus long délai lui aurait fait perdre la paternité de ses découvertes. Comme il le prévoyait, les réactions à son livre furent plus que vives, notamment celles de l'Église ; mais, par leur violence même, elles ont contribué à une diffusion rapide de ses idées.

La structure de son raisonnement peut être ainsi schématisée :

– Entre les diverses espèces, de multiples similarités peuvent être constatées ; les formes des squelettes, les mécanismes vitaux suggèrent que des espèces apparemment éloignées ont une origine commune. L'ensemble des formes actuelles des êtres vivants peut être regardé comme l'aboutissement d'une différenciation progressive ; les étapes de cette différenciation peuvent être reconstituées d'après les restes étudiés par les paléontologistes.

– A l'intérieur de chaque espèce, les individus ne sont pas identiques ; ils ont reçu à leur naissance des caractéristiques – taille, couleur, force, résistance, etc. – qui leur permettent de plus ou moins bien résister aux agressions du milieu et de parvenir au stade procréateur.

– « En vertu du principe de l'hérédité », les descendants ont des caractéristiques semblables à celles de leurs parents ; de génération en génération, les caractéristiques favorables sont donc nécessairement de plus en plus fréquentes, au détriment des caractéristiques défavorables qui peu à peu disparaissent.

La première idée correspond à ce que nous appelons la « théorie de l'évolution », mot qui ne figure d'ailleurs pas dans les premières éditions de *L'Origine des espèces.* Ce n'est pas, à l'époque, une théorie nouvelle. Elle avait déjà été proposée au xviiie siècle par des philosophes ou des scientifiques comme Diderot, Montesquieu, Maupertuis en France, ou Érasme Darwin, grand-père de Charles, en Angleterre. C'est à Lamarck qu'est revenu le mérite d'en faire, au début du xixe siècle, un système cohérent appelé, plus tard, le transformisme. Il constate que les caractéristiques des individus se transforment au cours de leur vie, en fonction notamment de l'usage qu'ils font des diverses parties de leur organisme ; il admet alors que ces transformations individuelles sont transmises aux descendants, ce qui provoque, de génération en génération, une modification de l'espèce ; c'est la théorie de l'« hérédité des caractères acquis » (l'exemple du cou progressivement allongé de l'espèce girafe, par suite de l'effort de chaque membre de l'espèce pour atteindre la cime des arbres, est typique de ce processus).

Mais, à l'époque, le dogme universellement admis est celui de la fixité des espèces ; selon une interprétation littérale des Écritures, les espèces sont immuables, elles ne s'écartent pas de l'état décidé par Dieu lors de leur création. Remettre en cause ce dogme, c'est aller contre la vérité révélée, telle que l'Église l'enseigne. Lamarck se trouve donc confronté à une opposition absolue, et, faute des armes nécessaires, il ne peut faire admettre sa théorie ; il meurt en 1829, oublié et misérable.

Darwin, lui, s'est doté de ces armes. Au cours de son long voyage autour du monde, sur le *Beagle,* il a su observer, enregistrer, et à partir de ses observations, échafauder des modèles explicatifs. Ces modèles, il en est bien conscient, doivent rendre compte de deux faits apparemment contradictoires :

– des espèces voisines présentent des différences parfois marquées (ainsi, la forme du bec des pinsons des diverses îles de l'archipel des Galapagos) ;

– des espèces éloignées manifestent des convergences évidentes (ainsi, les formes des squelettes de mammifères vivant les uns dans la mer, les autres sur la terre).

Fixiste, conformément à l'enseignement reçu, lorsqu'il embarque sur le *Beagle*, il revient transformiste, cinq années plus tard, conformément aux évidences qu'il tire de ses observations. Il a décrit lui-même l'itinéraire intellectuel qui l'a amené à accepter la transformation progressive des espèces comme la seule explication de la structure actuelle du monde vivant. Mais, il le sait fort bien, une telle vision de la réalité n'a aucune chance d'être acceptée si elle n'est pas soutenue par une théorie, qui ne se contente pas de décrire la chronique reconstituée des événements, mais propose un processus expliquant cette chronique.

Ce processus, c'est la « sélection naturelle », c'est-à-dire l'élimination des êtres moins bien dotés, au départ même de leur aventure personnelle, pour résister aux agressions du milieu et pour s'imposer au cours de la compétition implacable qui permet à certains, et à certains seulement, d'atteindre l'âge adulte et de participer à la procréation de la génération suivante. On sait que ces réflexions lui ont été inspirées en partie par Malthus ; celui-ci avait, au début du XIXe siècle, insisté sur l'écart entre la progression arithmétique (additive, c'est-à-dire s'accroissant à chaque étape d'une quantité constante) des ressources et la progression géométrique (multiplicative, c'est-à-dire s'accroissant à chaque étape d'une proportion constante) de la population. Ce sont là des affirmations sans preuves (pour quelle raison la première progression serait-elle nécessairement arithmétique et la seconde nécessairement géométrique ? Nul ne le sait), et Darwin ne les reprend pas à son compte. Il se contente de noter que, dans la plupart des espèces, il naît beaucoup plus d'individus que le milieu ne permet d'en faire survivre ; le passage du grand nombre d'appelés au petit nombre d'élus résulte de l'élimination des moins bien armés pour lutter, c'est-à-dire de la sélection, par la nature, des plus aptes.

L'apport essentiel de Darwin est dans la reconnaissance de ce mécanisme qui a pour caractéristique première de ne faire appel à aucune finalité. Pourtant, et cela est fâcheux car source de bien des incompréhensions, le terme qui le désigne correspond, lui, à une attitude finaliste. Bien des équivoques ont été provoquées par cette ambiguïté qui a, peut-être, été voulue par Darwin. Dans le langage de l'époque, le mot « sélection » évoque le long travail des éleveurs s'efforçant d'améliorer diverses caractéristiques des chevaux, des chiens ou des vaches ; la sélection est alors, par nature, artificielle. Elle résulte d'un ensemble cohérent d'actes (croisements choisis, suppression de certains jeunes, etc.), qui correspondent à la poursuite d'un projet (accroître la vitesse à la course, la quantité de lait fournie, etc.) ; ces actes s'inscrivent donc dans une finalité.

La *sélection naturelle,* par contre, ne peut avoir de projets ; lorsqu'elle élimine tel jeune porteur d'une malformation, ce n'est pas *pour* éviter que cette malformation se répande dans le groupe à la génération suivante, c'est *parce que* cette malformation réduit les possibilités de résistance de cet individu. La nature n'agit pas en fonction de l'avenir, car l'avenir n'existe pas ; elle ne peut tenir compte que du réel, et il n'y a d'autre réel que le présent, tel qu'il a été sécrété par le passé.

En proposant ce mécanisme, Darwin était donc fondamentalement matérialiste, ce qui représentait une révolution décisive de la vision de l'époque. Il éliminait ainsi l'un des obstacles conceptuels qui nous incitent à raisonner différemment à propos du monde dit « inanimé » et à propos du monde dit « vivant ». Il réintégrait, dans l'ensemble des mécanismes à l'œuvre dans l'univers, ceux qui interviennent pour faire évoluer les êtres vivants ; il aboutissait à une vision unifiée de l'histoire de l'ensemble du réel, dont l'histoire de l'homme n'est qu'un des éléments. Il n'est guère étonnant qu'un tel discours ait à l'époque suscité des réactions violentes. Mais elles ont pu être peu à peu surmontées, et aujourd'hui, si être

« darwinien » c'est adhérer à cette unification, à cette réintégration de l'histoire de toutes les espèces, y compris la nôtre, dans l'ensemble des processus de transformation de l'univers, alors je ne connais guère que des darwiniens...

Le darwinisme des généticiens

Cependant, le raisonnement présentait une faille, dont Darwin est devenu peu à peu conscient : les caractéristiques qui ont permis à tel individu de l'emporter dans la lutte pour la vie, pourquoi les retrouverait-on chez des descendants ? Il résout initialement le problème en s'abritant derrière un mot ; les descendants ressemblent aux géniteurs « en vertu du principe de l'hérédité ». Autrement dit, Darwin tient pour évident que les caractères sont transmissibles, qu'ils soient acquis (comme l'admettait Lamarck) ou innés (comme il l'a envisagé). Cette affirmation ne peut être vraie que si nous adoptons, pour décrire le processus de la transmission, les schémas n°s 1 ou 3. Mais ces schémas ne sont conformes à la réalité que dans bien peu de cas. Pour l'immense majorité des espèces, nous le savons maintenant grâce à Mendel, les caractéristiques ne sont pas transmises, seuls le sont, par moitié, les gènes qui gouvernent les caractéristiques.

Le schéma valable est le schéma n° 7 ; mais justement, à l'opposé de l'affirmation de Darwin, il ne comporte pas de flèches reliant directement le procréateur et le procréé ; il n'y a *pas* transmission des caractéristiques.

Cela n'est maintenant plus remis en question. Si être « darwinien » c'est adhérer à la seconde part du raisonnement de Darwin, alors je ne connais aucun darwinien. Par contre, je connais des néo-darwiniens [22]. Ce sont les chercheurs qui ont admis que le schéma n° 1 de transmission des caractères n'était généralement pas valable, que le schéma n° 2 de transmission par moitié du patrimoine génétique devait être retenu, mais qui voulaient néanmoins tirer les conséquences de l'évidence apportée par Darwin de l'inégalité entre les capacités des individus à lutter pour préserver leur vie.

L'étude du mécanisme étudié est alors nécessairement complexe : ce qu'il s'agit d'expliquer est la transformation progressive, de génération en génération, d'une caractéristique observée, mesurée dans l'univers des phénotypes ; mais la transmission entre générations est réalisée

– dans l'univers des génotypes, pour les facteurs biologiques représentant l'origine innée de toute caractéristique ;

– dans l'univers des phénotypes et dans celui de la société, pour les comportements.

La prise en compte de l'ensemble de ces facteurs exige le recours à un outil mathématique parfois complexe. Naturellement, dans la première moitié de notre siècle, les défricheurs de cette nouvelle discipline se sont efforcés de limiter la complexité de cet outil ; les hypothèses nécessaires étaient admises (pas toujours, malheureusement, de façon explicite) pour que des équations simples permettent de décrire le phénomène étudié. Les premiers résultats ont ainsi été obtenus au prix de calculs presque immédiats, comme la célèbre « loi de Hardy et Weinberg » qui décrit la situation d'équilibre des divers génotypes, ou comme l'évaluation du rythme de changement de la fréquence d'un allèle sous l'effet d'une pression sélective donnée.

Cette dernière peut être décrite en attribuant aux divers génotypes une « valeur sélective » représentant la capacité des individus à résister aux agressions du milieu et à participer à la procréation de la génération suivante. Mais les résultats globaux obtenus grâce à ces modèles, simples, ou même parfois simplistes, se sont vite révélés irréalistes. Deux d'entre eux méritent particulièrement d'être mentionnés.

Le premier a reçu de son auteur (R.A. Fisher) la désignation pompeuse de « théorème fondamental de la sélection naturelle » ; il a été d'autant plus facilement admis qu'il conforte une idée reçue. Il montre en effet que la valeur sélective moyenne d'une population s'accroît d'autant plus vite que la variance des valeurs sélectives individuelles est plus grande. Autrement dit, l'« amélioration » de la moyenne nécessite une dispersion des capacités individuelles à « lutter pour la vie ». Transposé au cas des populations humaines, cet énoncé peut conduire à refuser d'aider les plus démunis, au nom de la préservation de la variance ; ce filon a naturellement été exploité par ceux que préoccupe la recherche d'une justification « scientifique » de leurs options politiques en faveur d'une société rigoureusement hiérarchisée. En fait, dès que sont levées certaines hypothèses, tout à fait opposées à la réalité de la plupart des populations, il apparaît que le « théorème fondamental » perd tout sens ; il est donc particulièrement mal venu de s'abriter derrière sa formulation mathématique pour défendre quelque idéologie que ce soit.

Le second résultat concerne l'évolution de la diversité génétique d'une population. Selon la définition même de la sélection naturelle donnée par Darwin, l'effet de celle-ci est d'éliminer le « mauvais » et de garder le « bon », ce qui entraîne nécessairement une homogénéisation : à la longue, seuls devraient subsister les allèles les plus favorables. La prise en compte de la double commande génétique découverte par Mendel a permis d'imaginer des modèles où la sélection aboutit à un maintien durable de plusieurs allèles, mais ce maintien entraîne un fardeau génétique qui, selon les théories les plus simples, est vite insupportable. Or, dans les faits, la diversité génétique est considérable : selon les observations disponibles actuellement, on peut admettre que, pour un locus donné, au moins 1 individu sur 13 est doté de deux allèles ayant des actions distinctes, c'est-à-dire est hétérozygote. Cette proportion ne semble pas identique selon les espèces ; plus importante chez les invertébrés (1 locus sur 10 est hétérozygote), elle est plus faible chez les vertébrés (1 sur 20 chez les poissons, les reptiles, les oiseaux, 1 sur 28 chez les mammifères autres que l'homme) ; l'espèce humaine est proche de la moyenne (1 sur 15). Mais il n'apparaît guère possible de relier les variations de ce polymorphisme aux divers milieux dans lesquels vivent les espèces ; on ne peut donc, dans cette voie, mettre en évidence un effet de la pression sélective [27, p. 164]. Le problème posé par l'importance inattendue de cette hétérozygosité est de comprendre comment elle est générée et surtout comment elle se maintient.

Enfin, plus récemment, c'est la vision même de la structure concrète du patrimoine génétique qui a été modifiée. Dès 1951, Barbara McClintock avait fait l'hypothèse, pour expliquer ses observations sur le maïs, que les gènes peuvent se déplacer sur le chromosome, en faisant une copie d'eux-mêmes qui va s'insérer en une autre position. Cette idée n'avait guère eu de succès, tant elle était opposée au dogme de la géographie rigide du matériel chromosomique. Les progrès de la biochimie, et notamment les techniques de génie génétique, ont montré qu'en fait ce mécanisme de transposition est fréquent, découverte qui a valu, bien tard, en 1983, un prix Nobel à B. McClintock. Ces éléments génétiques mobiles, ou « transposons », semblent présents chez la plupart des organismes, de l'amibe à l'homme.

Il n'est plus possible alors de traiter le gène comme une unité isolée ; il est l'un des éléments d'une famille parfois fort nombreuse : le nombre des copies d'un transposon peut se limiter à quelques unités, mais il peut aussi atteindre plusieurs centaines. Apparaît ainsi une nouvelle cause de modification du phénotype, qui n'avait pu être prise en compte dans les raisonnements classiques de la génétique des populations. C'est un chapitre supplémentaire qu'il s'agit d'écrire, dont les conclusions peuvent profondément transformer notre compréhension de l'évolution [46].

Le darwinisme des mathématiciens

Pour faire face à ces difficultés, il faut consentir à élaborer des modèles beaucoup plus complexes, dont le traitement fait appel à des mathématiques moins élémentaires. Celles-ci peuvent apparaître à certains comme quasi inaccessibles et donner l'impression d'une distance grandissante, et excessive, entre les données d'observation et les modèles chargés d'en rendre compte.

La pression sélective, tout en restant présente dans le processus, a perdu une part de son rôle déterminant, au profit principalement de l'aléatoire dans la transmission des gènes. Cet effacement relatif de la sélection a amené certains à voir dans ces développements une théorie non darwinienne. En fait, il s'agit de la poursuite d'une « évolution » bien naturelle des théories de l'évolution ; après le néo-darwinisme développé par des généticiens aidés de mathématiciens, apparaît un « post-néo-darwinisme » animé par les mathématiciens aiguillonnés par les généticiens.

Les progrès sont d'autant plus rapides que, par chance, l'outil mathématique permettant de tenir compte à la fois de la *nécessité* – la pression systématique exercée par la sélection naturelle – et du *hasard* – l'aléatoire introduit par la loterie qui transmet les gènes entre les générations – existe depuis 1931 ; ce sont les équations *forward* et *backward* de Kolmogorov, bien connues de tous ceux qui étudient l'évolution d'un processus aléatoire. Mais ce n'est qu'à partir de 1957 qu'elles ont été systématiquement utilisées pour étudier la transformation d'un patrimoine génétique, grâce essentiellement au Japonais Motoo Kimura [32].

La difficulté principale provient ici, non pas de techniques mathématiques particulièrement subtiles, mais d'une transformation profonde de l'objet du discours. Dans la problématique initiale du darwinisme, étudier l'évolution, c'était préciser les étapes successives de la transformation d'un organe et mesurer le rythme de cette transformation. L'apport propre du néo-darwinisme a été de poser l'interrogation non plus à propos du changement d'un organe, mais à propos du changement de la fréquence des gènes qui gouvernent la forme ou le fonctionnement de cet organe.

Dans une espèce donnée, un caractère est sous la dépendance de gènes situés en un ou plusieurs locus (il est dit « élémentaire » si un seul locus, donc une seule paire de gènes, intervient). Les mutations font apparaître de loin en loin des allèles nouveaux, c'est-à-dire des gènes ayant sur le caractère considéré des effets autres que le gène standard. Tout d'abord rares, disséminés dans la population, ces allèles nouveaux peuvent, soit sous l'effet des hasards de la transmission, soit en raison de leur rôle bénéfique sur l'organisme, peu à peu se répandre. L'un d'entre eux peut parvenir à se substituer à tous les autres, il devient le nouveau standard. La définition génétique de l'espèce a changé ; celle-ci a « évolué ». Les stades intermédiaires sont caractérisés par les fréquences des divers allèles en présence. Dans l'optique du néo-darwinisme, l'évolution est définie comme la modification de ces fréquences au fil des générations.

Le changement par rapport à la vision darwinienne est fondamental ; on ne parle plus du même objet. Ainsi, les paléontologues constatent que, chez les ancêtres du cheval, la structure du pied s'est transformée depuis le début de l'ère tertiaire. Il comportait alors quatre doigts ; soixante millions d'années plus tard, il n'en comporte plus qu'un. Ce changement est expliqué par la modification du milieu : un sol spongieux autrefois, et les quatre doigts étaient bien utiles pour ne pas s'enfoncer dans la boue ; sec et dur maintenant, et le sabot permet d'y courir vite. Dans un tel discours le maître mot du darwinisme est « adaptation ». Le néo-darwinisme, lui, constate que les gènes qui aboutissaient à une structure à quatre doigts ont été remplacés par des gènes qui en génèrent un seul. Le patrimoine génétique de l'espèce cheval s'est modifié ; il s'agit d'expliquer ce changement en fonction du rythme d'apparition de gènes mutants, de l'aléatoire de la transmission, de la pression sélective du milieu. Pour chaque substitution d'un allèle standard par un autre, il faut décrire comment la fréquence x d'un gène nouveau a pu passer de la valeur initiale $x = 1/2N$ (où N est l'effectif de l'espèce) lors de son apparition par mutation, donc en un exemplaire, à la valeur finale $x = 1$ correspondant à l'élimination de toutes les autres modalités.

Pour y parvenir, il faut faire face à une difficulté apparemment insurmontable : l'intervention du hasard dans la transmission ne permet pas de prévoir la valeur de la fréquence x dans une génération, lorsqu'on la connaît dans la génération précédente ; sans cause décelable, cette fréquence peut aussi bien s'accroître que diminuer. Grâce au recours au raisonnement probabiliste, cette difficulté devient la clé de la solution. Il suffit pour cela d'abandonner l'espoir de connaître x, et de se contenter de connaître sa « loi de probabilité », c'est-à-dire de préciser la fonction $\varphi(x,t)$, définie par : « la probabilité pour que la fréquence étudiée soit, à l'instant t, comprise entre x et $x + \Delta x$ est égale à $\varphi(x,t) \Delta x$ ».

On a ainsi opéré un nouveau changement de l'objet du discours, mais il va se révéler très fécond (de façon assez semblable, l'introduction de l'aléatoire dans l'étude du mouvement des particules a conduit les physiciens à ne plus s'interroger sur la position de tel électron, mais sur la probabilité de sa présence dans telle partie de l'espace).

C'est cette fonction $\varphi(x,t)$ qui fait l'objet des relations de Kolmogorov. Celles-ci relient la dérivée de φ par rapport au temps, donc sa transformation au fil des générations, à la moyenne M et à la variance V du changement de la fréquence à chaque génération ; la moyenne correspond à la pression de sélection, la variance aux effets aléatoires de la dérive au hasard, d'autant plus importants que l'effectif est plus petit. Ainsi, l'une de ces équations s'écrit

$$\frac{\delta\varphi}{\delta t} = -M \frac{\delta\varphi}{\delta x} + \frac{1}{2} \frac{\delta^2}{\delta x^2}(V\varphi).$$

La recherche de solutions est grandement facilitée si l'un des termes du second membre est nul. Annuler la variance V revient à admettre que l'effectif peut être considéré comme infini ; c'était l'attitude des tout premiers néo-darwiniens, mais elle est souvent si peu réaliste que l'on doit l'abandonner. Annuler la moyenne M revient à admettre que la pression sélective est négligeable, ce qui est contraire à la ligne darwinienne ; mais les avantages de cette hypothèse sont si grands que l'on est tenté d'en étudier les conséquences : c'est l'attitude dite « neutraliste ».

Ainsi, le plus souvent, la neutralité des divers gènes n'est pas introduite comme une propriété de ceux-ci, elle ne correspond pas à une réalité objective que l'on aurait observée, elle correspond au désir de rendre plus aisée la démarche du mathématicien. Après quoi, il sera toujours temps de la justifier en constatant que l'aboutissement de cette démarche est en bon accord avec les observations. L'école dite « neutraliste » peut être considérée comme ayant opéré une inversion de ce que les juristes appellent « la charge de la preuve ». Elle n'affirme pas que, dans tel cas, la sélection naturelle n'a aucune action sur l'évolution, mais elle raisonne dans cette hypothèse et attend pour la modifier que les tenants de la thèse sélectionniste prouvent la réalité de la sélection. Bien des polémiques développées à ce propos peuvent apparaître comme des dialogues de sourds : il s'agit de la valeur d'un certain paramètre s, représentant l'intensité de la sélection naturelle ; les sélectionnistes disent aux neutralistes : « prouvez-moi que $s = 0$ », et les seconds aux premiers : « prouvez-moi que $s \neq 0$ ». Or, dans la plupart des cas, ni d'un côté ni de l'autre, ces preuves ne peuvent être fournies. Dans ce domaine, comme en beaucoup d'autres, il est fréquemment impossible d'inférer du constat d'une chronique à la réalité d'un processus, autrement dit d'inférer de l'évolution de la fréquence d'un gène à la valeur sélective liée à ce gène.

Certes, une mutation qui diminue la résistance à une maladie très répandue, ou qui favorise la stérilité, a de fortes chances d'être éliminée ; mais cela n'est pas obligatoire, même en n'évoquant que ce processus rigoureusement darwinien. En effet, une mutation défavorable A peut apparaître sur le chromosome d'un individu qui simultanément, en une position voisine, subit une seconde mutation B, celle-là extrêmement favorable. Ses descendants, qui reçoivent une copie de ce chromosome doublement muté, ont un patrimoine génétique globalement favorisé, si les avantages dus à B l'emportent sur les inconvénients dus à A. Au fil des générations le destin de A est dicté par B, du moins tant que les *crossing-over* (c'est-à-dire les échanges de segments entre chromosomes homologues) ne viennent pas les dissocier en les localisant sur deux chromosomes appartenant certes à la même paire, mais distincts ; or, si les sites des deux mutations sont proches, les crossing-over sont rares.

Un observateur qui étudie l'histoire de A au fil des générations, mais qui ignore tout de B, risque fort de faire des contresens sur son rôle évolutif. Ce modèle a reçu le nom évocateur de *hitchhiking*, d'auto-stop. Il subordonne le devenir d'un gène aux effets sur l'organisme d'un autre gène sans lien fonctionnel avec lui. Si une telle imbrication peut se produire dans le cas le plus simple, celui de notre schéma n° 2, à plus forte raison sera-t-elle la règle dès qu'entrent en action les enchevêtrements décrits par les schémas n°s 8 ou 9.

Quant à la prise en compte du pouvoir qu'ont certains gènes de se transposer et de former des familles, elle a nécessité l'introduction de nouveaux concepts, par exemple celui de la « probabilité d'allélisme ». En effet, un gène qui, chez un individu, a été transposé se trouve en une position occupée, chez les autres individus, par des gènes ayant un tout autre rôle, qui ne lui sont donc pas « allèles » ; par la suite, des copies du chromosome modifié vont apparaître dans la population, ce qui fera évoluer la probabilité d'allélisme pour deux chromosomes pris au hasard. Les équations permettant de décrire l'évolution de cette probabilité doivent incorporer des paramètres représentant les actions de la dérive, des mutations, de la sélection, du rythme des transpositions, de la possibilité de transposition soit sur un même chromosome, soit sur un chromosome différent... Leur traitement mathématique s'avère malaisé, et les principaux résultats obtenus jusqu'ici l'ont été par simulation sur ordinateur. Il en est de même de la recherche des conditions d'équilibre de l'effectif de chaque famille de gènes [46].

Dans la phase actuelle, la mathématisation de ce domaine de recherche ne peut donc être que croissante. On comprend que certains naturalistes voient cette tendance avec regret, et s'imaginent qu'elle correspond à un éloignement de la réalité ; mais, répétons-le, la seule réalité concrète est une chronique peu à peu reconstituée, la suite des formes des êtres vivants depuis leur apparition sur notre planète, alors que l'objet du discours est le processus qui s'est manifesté par cette chronique. Pour que ce discours soit fondé, il est nécessaire de préciser le sens de chacun de ses termes, et la nature exacte de leurs relations. La mathématique est d'une grande aide pour respecter cette discipline.

Évolution et adaptation

Dès que la reconstitution de l'histoire d'un organe, d'un métabolisme ou d'un comportement met en évidence la progressive invasion de la population par telle forme, tel mécanisme, telle attitude, le réflexe est de s'interroger sur les causes de cette invasion : en quoi étaient-ils favorables, meilleurs que d'autres ? Il est admis, souvent implicitement, comme une évidence que le meilleur a gagné, ce qui a permis à la population d'améliorer son adaptation à l'environnement.

Or la seule chose sûre est que ces novations n'étaient pas incompatibles avec la survie du groupe, sinon elles auraient été éliminées. Mais leur « victoire » évolutive peut fort bien être due, soit aux effets de causes totalement indépendantes qui ont fortuitement interféré avec elles, soit à une absence totale de causes identifiables, c'est-à-dire, à vue d'homme, au pur hasard.

Mais l'attitude de certains sociobiologistes consiste à s'acharner dans la démonstration que ce que l'on observe dans le comportement animal résulte d'une sélection et correspond à l'adaptation de l'espèce. Ceux qui en font explicitement le point de départ de leur réflexion ont du moins le mérite de la clarté. Tel est le cas de David Barash, qui propose comme « théorème central de la sociobiologie » l'énoncé suivant : « Lorsqu'un comportement est influencé par une part du génotype, les animaux se conduisent de telle façon qu'ils améliorent leur valeur sélective globale » (cette valeur sélective globale inclut les effets de leur comportement sur leurs apparentés, comme nous le verrons au chapitre 10) [6, p. 63].

On peut regretter la présentation de cette affirmation sous forme de théorème, car en général un théorème est l'aboutissement d'une démonstration plus ou moins longue. Ici il ne s'agit guère que d'une définition de l'influence du génotype sur le comportement.

A partir de ces prémisses, il est aisé à cet auteur de fournir des exemples d'animaux qui se comportent de la façon prévue par son théorème central. C'est ainsi que, chez les oiseaux bleus des montagnes, les mâles sont très peu tolérants envers les adultères commis par leur compagne au cours de la période normale de copulation ; mais leur tolérance augmente à mesure que l'on s'approche de la ponte des œufs, et ils ferment volontiers les yeux lorsque les œufs sont dans le nid. Selon D. Barash, ils ont compris que l'essentiel est de transmettre leurs gènes et que le jeu de la copulation n'a plus guère d'importance une fois la fécondation réalisée ; ils maximisent ainsi leur valeur sélective.

A ce compte, il serait aisé de valider n'importe quel modèle ; d'autant que chaque contre-exemple éventuellement rencontré est contourné en ajoutant au modèle l'ingrédient supplémentaire qui permet de préserver l'idée centrale. Ainsi, le sociobiologiste admet que lorsqu'un mâle A accepte les risques d'un conflit avec le mâle B pour conquérir une femelle, il obéit à la leçon contenue dans son patrimoine génétique : tout faire pour avoir une progéniture abondante. Mais le même sociobiologiste constate que, fréquemment, un mâle C aide le mâle A à conquérir la femelle de B ; son profit semble nul. D'où vient donc un tel comportement désintéressé ? Qu'à cela ne tienne, il suffit d'inventer le concept d'altruisme réciproque pour démontrer que C ne pense, lui aussi, qu'à répandre ses gènes, car il espère un jour prochain l'aide de A. On peut ainsi trouver, à chaque observation, une explication qui conforte le dogme.

L'altruisme, qui avait déjà intrigué Darwin car il semble un défi à la règle de la recherche d'une valeur sélective maximale, est d'ailleurs, comme nous allons le voir, l'attitude à propos de laquelle les sociobiologistes ont le plus utilisé leurs facultés d'imagination.

9. Le « paradoxe » de l'altruisme, ou Beaucoup de bruit pour rien

Parmi les qualités dont les hommes s'enorgueillissent, l'altruisme vient en bonne place. Quoi de plus noble que d'agir contre son propre intérêt, au bénéfice d'un autre, ou de la collectivité ! Mais l'observation des animaux nous montre que, dans de multiples espèces, des comportements que l'on peut qualifier d'altruistes sont fréquemment rencontrés.

Nous avons déjà évoqué les baleines poursuivies par J.-Y. Cousteau : les deux plus fortes attiraient sur elles le danger pour assurer la fuite du groupe. De même, chez les termites ou les fourmis, certains membres de la colonie, que nous désignons comme formant la caste des soldats, ont pour fonction essentielle de défendre la collectivité ; si une agression se produit, tous les autres termites se précipitent dans les galeries les plus profondes pour se mettre à l'abri, mais les « soldats » sortent et font face.

Dans les troupes d'herbivores, tels que les zèbres, les mâles adultes ou à défaut les femelles adultes protègent les jeunes lorsque se présente un prédateur ; chez les babouins, le mâle dominant se charge de la protection de l'ensemble du groupe, au péril de sa vie s'il le faut.

Dans la perspective darwinienne, de tels comportements sont hautement « antisélectifs ». Si l'on admet que, par définition, la modalité la « meilleure » d'une caractéristique quelconque, physiologique ou comportementale, est celle qui entraîne la production du plus grand nombre de descendants, fuir et se mettre à l'abri est certainement meilleur faire front et se battre. Pendant que certains partent à la guerre et risquent d'être tués, d'autres restent au camp et ont la possibilité de procréer ; du point de vue de la sélection naturelle les premiers sont évidemment « inférieurs » aux seconds.

Supposons alors, et c'est là l'hypothèse centrale de la sociobiologie, que de tels comportements soient liés au patrimoine génétique, qu'ils soient, à l'aboutissement de multiples processus biologiques, le reflet de la présence dans le génome d'un ou plusieurs gènes. Pour prendre le cas le plus simple, admettons que l'attitude altruiste soit gouvernée par un locus occupé par des gènes de deux catégories, l'allèle *a,* celui de l'altruisme, et l'allèle *e,* celui de l'égoïsme. Les individus *aa* se comportent en altruistes ; les *ee* en égoïstes ; quant aux *ae,* leur cas dépend du rapport de dominance-récessivité entre ces deux allèles. Il peut sembler clair que la possession de deux gènes *a* a des conséquences néfastes pour les capacités procréatrices ; le malheureux qui en est doté aura peut-être une existence glorieuse, mais il sera, en moyenne, moins prolifique, son dévouement à la cause commune risquant d'interrompre sa vie prématurément. Peu à peu la fréquence de l'allèle *a* va donc diminuer ; à la longue cet allèle disparaîtra du patrimoine génétique du groupe, et avec lui l'attitude altruiste.

En fait, il faut y insister car cet aspect du raisonnement est trop souvent passé sous silence, cela n'est vrai que dans le cas où la valeur sélective des hétérozygotes *(ae)* est intermédiaire entre celles des deux homozygotes ; le déroulement du processus est tout différent si cette valeur sélective est soit inférieure, soit supérieure à celles des homozygotes.

Si elle est inférieure, le jeu de la sélection éliminera soit l'allèle *a,* soit l'allèle *e* selon leurs fréquences initiales. Ainsi dans l'exemple suivant : supposons que les valeurs sélectives soient

$$\frac{aa}{2} \qquad \frac{ae}{1,5} \qquad \frac{ee}{3}.$$

Les « égoïstes » ont de loin la valeur sélective la meilleure ; mais un calcul simple montre que, à chaque génération, la variation de la fréquence *f* de l'allèle *a* est donnée par

$$f = f(1-f)\frac{2f - 1,5}{2\,f^2 - 3f + 3}.$$

Si la fréquence dans la génération initiale est $f_0 = 0,80$, on trouve $f_1 = 0,81$, puis $f_2 = 0,82...$; peu à peu le gène *a* se répand, et cela est vrai pour toutes les populations où f_0 est supérieure à 0,75. Ce n'est que si $f_0 < 0,75$ que l'allèle *e*, théoriquement le meilleur, l'emporte.

Si la valeur sélective des hétérozygotes est supérieure à celles des deux homozygotes, le processus est tout différent ; la population tend vers un équilibre stable où les deux allèles coexistent ; ainsi avec les valeurs sélectives

$$\frac{aa}{2} \qquad \frac{ae}{3,5} \qquad \frac{ee}{3}.$$

Quelles que soient les fréquences d'origine, la fréquence de *a* tend vers 0,25.

Or de tels cas n'ont rien d'exceptionnel, ils résultent d'un effet d'interaction fort naturel entre les allèles.

Les sociobiologistes ne retiennent guère cette possibilité, dont on connaît pourtant des exemples dans d'autres domaines. Ils insistent sur l'opposition entre l'évidence : la persistance d'un comportement altruiste, et l'aboutissement du raisonnement darwinien classique : la disparition des caractéristiques défavorables. Il semble que, dans ce raisonnement, le maillon faible soit l'hypothèse d'un lien rigoureux entre le comportement et le patrimoine génétique, surtout lorsque l'on admet qu'un seul locus est concerné.

Étrangement, ce n'est pas cette hypothèse qui est remise en cause ; au contraire, afin de la sauvegarder, on bâtit des théories complexes que l'on peut classer en deux ensembles, selon qu'elles reposent sur le concept de sélection parentale ou sur le concept de sélection de groupe.

Remarquons, d'autre part, qu'il n'y a réellement paradoxe que dans le cas où les individus qualifiés d'altruistes sont en mesure de participer à la procréation de la génération suivante. Ce qui n'est pas toujours le cas chez les insectes sociaux où « les ouvrières et les soldats sont exclus, par fonction, de la lignée génétique : seuls la reine et le mâle, qui l'a fécondée une fois pour toutes, donnent prise à la sélection. La colonie se comporte donc génétiquement comme un seul individu, et c'est sur elle, et non sur ses divers membres, que s'exerce la sélection » (F. Bonsack, communication personnelle).

La sélection parentale

Le généticien anglais W.D. Hamilton a proposé en 1964 un modèle d'évolution du patrimoine génétique collectif fondé sur la notion de *Kin selection*, terme traduit généralement en français par « sélection parentale » ou, ce qui est préférable, « sélection de parentèle » [61].

L'idée centrale repose sur le fait que des individus apparentés possèdent en certains locus des gènes qui sont, chez l'un et chez l'autre, deux copies d'un même gène d'un de leurs ancêtres communs. Ces gènes sont dits en français « identiques », en anglais *identical by descent*. Lorsque le comportement d'un individu entraîne une diminution des chances de transmission des gènes qu'il possède, la fréquence des allèles correspondant dans la population tend à diminuer. Mais cet effet peut être compensé si ce même comportement accroît les chances de survie, et donc de transmission génétique, pour certains de ses apparentés. Pour l'ensemble d'une population, un comportement altruiste diminue sans doute la valeur sélective de celui qui le manifeste, mais, par définition, il est bénéfique pour d'autres individus, dont il accroît la valeur sélective ; si ceux-ci portent des gènes identiques à ceux de l'altruiste, la fréquence des allèles présents chez celui-ci peut donc fort bien augmenter. Son sacrifice personnel est ainsi bénéfique non à lui-même, non aux gènes qu'il porte et qui disparaîtront avec lui, mais aux allèles que représentent ces gènes et qui sont dispersés chez ses apparentés. L'altruisme de l'individu sert ainsi l'égoïsme des allèles [42].

Pour aller plus loin et préciser les conséquences des facteurs en jeu, il est tout d'abord nécessaire de préciser ce qu'est le lien parental et de proposer une mesure de ce lien. Nous allons nous heurter à des difficultés inattendues, trop souvent passées sous silence.

Mesure du lien parental

Deux individus A et B sont-ils apparentés ? Malgré les apparences, cette question n'a pas de sens, il faut donc s'empresser de refuser d'y répondre. Il suffit en effet de remonter assez loin la liste de leurs ancêtres pour découvrir que certains de ceux-ci leur sont communs ; point n'est besoin lorsqu'il s'agit de l'espèce humaine de remonter jusqu'à Adam et Ève, quelques dizaines ou centaines de générations en général suffisent. Tous les individus sont donc apparentés, ce qui vide cette caractéristique de tout intérêt.

Pour retrouver du sens, il est nécessaire de préciser à partir de quelle information on observe cet apparentement. Cette information peut parfois être définie par le nombre de générations prises en considération (dans notre pays, quatre si l'on se contente des registres de dispense de mariage de l'Église catholique, une vingtaine si l'on reconstitue aussi loin que possible les généalogies à partir des documents d'état civil) ; ce nombre est très souvent variable selon les directions d'ascendance (selon les cultures, on retrouve plus facilement les lignées mâles ou les lignées femelles). L'important est de ne pas oublier que, lorsqu'on évoque l'apparentement de A et B, il ne s'agit pas d'une caractéristique propre de l'ensemble {A, B} mais d'une caractéristique de l'information recueillie à propos de leurs généalogies. Cette distinction est importante, elle mine bien des affirmations de sociobiologistes qui traitent l'apparentement comme une donnée intrinsèque.

Finalement : A et B sont apparentés aux yeux de C, si C connaît dans leurs généalogies des ancêtres communs.

A partir de cette définition, il est possible de fonder une mesure de l'apparentement. Elle repose sur le fait que A et B possèdent des gènes dont certains sont les copies des gènes des ancêtres communs dont la présence a été décelée dans leurs généalogies. Une difficulté surgit cependant ; dans les espèces dites sexuées, A et B possèdent en chaque locus 2 gènes, soit 4 au total, qui peuvent être deux à deux identiques ou non. On constate facilement que neuf cas sont possibles :

1. les 4 gènes sont identiques ;
2. les 2 gènes de A sont identiques, de même ceux de B, mais ceux de A ne sont pas identiques à ceux de B ;
3. les 2 gènes de A sont identiques entre eux et à un des gènes de B ;
4. le seul cas d'identité concerne les 2 gènes de A ;
5. les 2 gènes de B sont identiques entre eux et à un des gènes de A ;
6. le seul cas d'identité concerne les 2 gènes de B ;
7. chaque gène de A est identique à un gène de B et à un seul ;
8. un seul gène de A est identique à un seul gène de B ;
9. aucun cas d'identité.

Les neuf cas peuvent être décrits par le schéma ci-après où deux gènes identiques sont reliés par un trait :

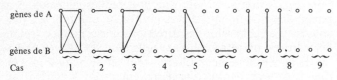

Les 9 situations d'identité

On peut être tenté de rechercher dans quelle situation

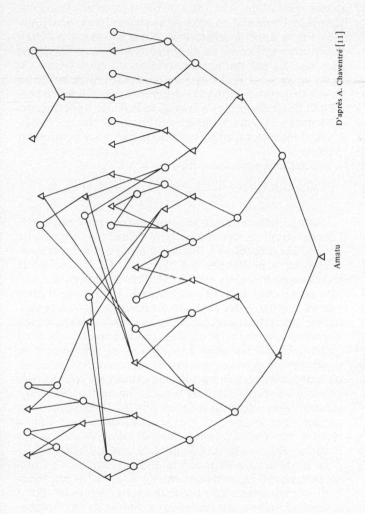

D'après A. Chaventré [11]

Amatu

se trouvent les gènes possédés par A et B, en un locus donné. En fait, la généalogie ne permet pas en général de le savoir. Le propre en effet de la transmission génétique est de faire appel à une loterie. Nous avons été confrontés à cette difficulté au chapitre 8 lorsque nous avons comparé les patrimoines génétiques de deux frères. Ce que nous permet l'information généalogique se borne au calcul de la probabilité des différents cas d'identité possibles ; ces probabilités ont reçu le nom de « coefficients d'identité » et sont désignées par les symboles $\Delta_1, ..., \Delta_9$.

Ainsi les raisonnements menés p. 116 nous permettent d'écrire

– pour un couple père-fils : $\Delta_7 = 1$;

– pour un couple frère-sœur : $\Delta_7 = \dfrac{1}{4}$, $\Delta_8 = \dfrac{1}{2}$, $\Delta_9 = \dfrac{1}{4}$.

Dès que le nombre de générations connues augmente, l'enchevêtrement des généalogies s'accentue et peut vite devenir inextricable. Le recours à un ordinateur est alors nécessaire pour calculer les divers Δ_i. Le schéma de la p. 149 reproduit ainsi une partie de la généalogie du dernier amenoukal de la tribu touareg Kel Kummer étudiée par André Chaventré [11]. On ne constate jusqu'à la quatrième génération aucune consanguinité ; Amatu a bien 4 grands-parents et 8 arrière-grands-parents. Ce n'est qu'au-delà que les liens apparaissent et rapidement se multiplient. Encore n'avons-nous reproduit ici que les six ou sept premières générations : la généalogie reconstituée en comporte seize. Dans de tels cas, un ordinateur même puissant se révèle proche de ses limites. (Remarquons au passage que le concept de génération devient flou à mesure que l'on s'enfonce dans le passé en raison des mariages entre membres de générations différentes.)

La réponse ainsi donnée à la question initiale : « Comment mesurer l'apparentement de A et B ? » peut sembler bien complexe. Elle consiste en 9 nombres (en fait 8 nombres indépendants puisque la somme de ces 9 probabilités est nécessairement égale à 1), alors qu'on espérait aboutir à la définition d'un paramètre. Il est possible de satisfaire cet espoir en renonçant à comparer les patrimoines génétiques de A et B, et en se bornant à prendre en considération les patrimoines qu'ils transmettent chacun à leurs enfants. Le problème est alors beaucoup plus simple, car ils ne transmettent, en chaque locus, à chaque enfant, qu'un seul gène, alors qu'ils en possèdent deux. Pour revenir à notre terminologie du chapitre 2, nous oublions alors les « êtres intermédiaires » et nous intéressons seulement aux gamètes.

On peut, dans cette voie, caractériser l'apparentement de A et B par un nombre unique, leur coefficient de parenté φ_{AB}, défini ainsi : « Le coefficient de parenté φ_{AB} de deux individus est égal à la probabilité pour que le gène situé en un locus quelconque sur un gamète issu de A soit identique au gène situé au même locus sur un gamète issu de B. »

Le calcul de φ peut être réalisé
– soit à partir des coefficients Δ lorsque ceux-ci sont connus, grâce à la relation

$$(1) \qquad \varphi = \Delta_1 + \frac{1}{2} \, (\Delta_3 + \Delta_5 + \Delta_7) + \frac{1}{4} \, \Delta_8$$

que le lecteur pourra établir à partir des définitions de φ et des Δ ;
– soit directement grâce à la relation [24, p. 48]

$$\varphi = \sum_i \left(\frac{1}{2}\right)^{n_i + p_i + 1}$$

où n_i et p_i sont les nombres de générations qui séparent A et B d'un de leurs ancêtres communs et où la sommation est faite sur l'ensemble des trajets généalogiques allant de A à B en passant par un ancêtre commun.

On obtient ainsi les valeurs suivantes pour les cas de parenté les plus souvent rencontrés :

Parent Enfant	Frère Sœur	Demi-frères	Oncle Nièce	Doubles cousins[1]	Cousins germains	Grand-père Petit-fils
1/4	1/4	1/8	1/8	1/8	1/16	1/8

1. A et B sont doubles cousins germains si, par exemple, leurs deux pères sont des frères et leurs deux mères sont des sœurs.

Ces coefficients sont parfaitement définis et leur utilisation dans les modèles mathématiques de la génétique des populations, notamment par G. Malécot, a montré leur grande efficacité [41]. Mais leur nature même (ce sont des probabilités) ne leur permet pas de satisfaire certains esprits, désireux de manipuler la réalité des choses. Bien souvent, la question concrète que l'on accole à la notion de parenté est la suivante : quelle est la proportion des gènes de A ou de B que l'on retrouve chez l'autre ?

Malgré les apparences, cette question est, dans le cas général, absurde. En effet, cette proportion des gènes de l'un qui se retrouvent chez l'autre peut ne pas être la même selon que l'on compare A à B ou B à A. Il suffit d'évoquer une situation telle que la situation d'identité n° 5 ; en totalité les gènes de A sont identiques à des gènes de B, mais la moitié seulement des gènes de B sont identiques à des gènes de A. Or de tels cas ne sont pas rares. Il suffit qu'une population soit de faible effectif pour que, en quelques générations, l'enchevêtrement des généalogies devienne inextricable et aboutisse à des apparentements qui impliquent la totalité de nos neuf cas.

En fait, la recherche des « parts » des gènes identiques chez l'un et chez l'autre n'a de sens clair que pour les apparentements les plus simples, par exemple ceux pour lesquels tous les coefficients d'identité autres que Δ_7, Δ_8, Δ_9 sont nuls. Il n'y a alors que trois cas à considérer :

– le cas 7 : tous les gènes de l'un sont identiques à des gènes de l'autre, et réciproquement ;

– le cas 8 : la moitié des gènes de l'un sont identiques à des gènes de l'autre, et réciproquement ;

– le cas 9 : aucun cas d'identité n'est possible.

En désignant par r cette « part » de gènes identiques, on obtient :

$$r = \Delta_7 + \frac{1}{2} \Delta_8.$$

En rapprochant de (1) et en tenant compte de l'hypothèse $\Delta_1 = \Delta_2 = \Delta_3 = \Delta_4 = \Delta_5 = \Delta_6 =$, on constate que :

(4) $r = 2\varphi.$

Salon du livre Mtl   009632   /   15

000-12874 ISBN: 2-02-012874-8
Héritage de la liberté
Pts S 68

Jacquard, Albert

Seuil

D176   13.95$ /   Code   12

C'est ce paramètre r qui est le plus souvent utilisé par les sociobiologistes, notamment dans le raisonnement qui permet d'expliquer le maintien des « gènes de l'altruisme » sous l'effet de la sélection naturelle.

L'altruisme sélectionné

Le problème est d'expliquer comment la fréquence de l'allèle a responsable d'un comportement altruiste peut ne pas diminuer. A cause de la présence de ce gène, un individu A qui le possède voit sa valeur sélective réduite. Caractérisons cette réduction en écrivant que la valeur sélective correspondant aux autres caractéristiques est multipliée par $1-c$, où c est le « coût génétique » de l'attitude altruiste. Par définition, cette attitude est avantageuse pour un ou plusieurs autres individus ; elle accroît la valeur sélective de l'individu B_i en la multipliant par $1+b_i$, où b_i est le « bénéfice génétique » de l'altruisme pour celui qui en est la cible.

Mais A et B_i peuvent être apparentés, la part des gènes qu'ils ont en commun (qui sont « identiques ») est mesurée par le paramètre r_i. La fréquence du gène a augmenté au lieu de diminuer si la perte chez les uns est plus que compensée par les gains chez ceux qui possèdent des copies de ce gène ; c'est-à-dire si l'on a :

(5) $$c < \sum_i r_i \, b_i.$$

L'évolution de la fréquence des allèles représentés chez A ne peut donc être décrite en tenant compte de la seule valeur sélective de A ; il faut faire intervenir l'ensemble des modifications induites par le comportement de A sur la valeur sélective de ses apparentés. La caractéristique ainsi définie a été baptisée par Hamilton *inclusive fitness*, expression que l'on pourrait traduire, par référence aux bilans des sociétés intégrant les résultats de leurs filiales, « valeur sélective consolidée ».

Un exemple simple permet de concrétiser le sens de la relation (5). Imaginons un père prêt à donner sa vie pour sauver ses fils en danger de mort, on a alors $c = 1$, pour chacun des fils $b_i = 1$ et $r_i = \dfrac{1}{2}$. Les gènes de ce père ont donc intérêt à ce qu'il passe à l'acte et se sacrifie, si le nombre des fils est supérieur à 2.

Ce raisonnement subtil a rencontré un grand succès et a été présenté par certains d'une façon qui se voulait paradoxale : dans la mesure où l'inégalité précédente est satisfaite, le comportement altruiste de A n'est que la façade d'un égoïsme génétique. En effet, les gènes qu'il possède trouvent largement leur compte dans son attitude, puisque la classe d'identité à laquelle ils appartiennent accroît son importance à la génération suivante. Si l'on admet que ce comportement est provoqué par la présence de certains gènes, ceux-ci retirent de leur influence un intérêt individuel, malgré le désavantage subi par la personne qui les possède : l'altruisme du « zygote » n'est qu'une apparence camouflant l'égoïsme des gènes qui en sont la cause.

De là à présenter les zygotes, donc les individus, comme des objets intermédiaires et évanescents manipulés par les gènes pour l'accomplissement de leur propre dessein, il y a certes de nombreux pas ; mais quelques auteurs n'ont pas hésité à les franchir pour assurer le pittoresque de leur présentation de l'évolution biologique. Tel est le cas de l'œuvre de Richard Dawkins, *The Selfish Gene* [12]. De même nous avons, au chapitre 2, présenté, pour les besoins provisoires de la logique, les zygotes comme des « êtres intermédiaires » ; mais ce n'est là qu'un langage qui ne prétend pas épuiser les divers aspects du réel.

En fait, malgré une présentation qui se veut rigoureuse et qui convainc d'autant plus facilement qu'elle aboutit à une formulation mathématique, la théorie de Hamilton souffre d'une grave insuffisance de définition du concept clé : la mesure de l'apparentement des individus. Dans tous ses raisonnements, cet auteur admet que l'apparentement est une caractéristique du couple d'individus étudiés, que la mesure de cet apparentement a un objet défini. Nous l'avons vu, cette hypothèse est inexacte. La mesure de l'apparentement ne caractérise pas une réalité, mais une information, l'information généalogique ; cette information est nécessairement partielle, et elle peut être modifiée au gré des investigations menées, sans que la réalité étudiée ait changé. Précisons ce point par un exemple.

Nous avons vu que le coefficient de parenté de deux frères est $\varphi = 1/4$. Supposons que nous apprenions l'appartenance de ces deux frères à une population très petite, de 75 personnes à chaque génération, restée isolée depuis 30 générations. Cet isolement a provoqué la réalisation, par pur hasard, de croisements consanguins ; ceux-ci ont entraîné une consanguinité diffuse qui vient s'ajouter à l'apparentement mesuré par la relation parentale immédiate. On peut montrer [25, p. 43] que la probabilité d'identité de deux gènes désignés chez chacun des frères, c'est-à-dire leur « coefficient de parenté », passe, compte tenu de cette consanguinité ambiante, de 0,25 à 0,38, il est accru de 50 %. Dans la même population, le coefficient de parenté de deux cousins germains passe de 0,06 à 0,24, il est multiplié par 4. Il ne s'agit donc pas d'une correction insignifiante, mais d'un changement profond du lien génétique connu entre les individus.

Dans ces conditions, on voit mal la signification de l'équation (5), puisque les paramètres r_i qui y interviennent sont indéfinissables. Enfin, on peut remarquer que la seule conséquence biologique de l'identité de deux gènes est qu'ils représentent le même allèle (sauf en cas de mutation, mais l'événement est rare et nous pouvons ici le négliger). Les liens de solidarité manifestés par le comportement altruiste devraient avoir surtout pour objet de favoriser les individus pourvus des mêmes allèles, *même si la cause de cette similitude n'est pas l'apparentement*. La stratégie du gène égoïste se comprendrait mieux s'il provoquait des actes altruistes en faveur des gènes de même catégorie (ce qui correspond à une réalité présente, éventuellement décelable) et non en faveur des seuls gènes identiques (ce qui correspond à des rapports de parenté parfois lointains, et difficilement reconstituables).

Sélection de groupe

Une autre voie a été explorée, dès les débuts de l'édification du néo-darwinisme, pour résoudre le « paradoxe » de l'altruisme. Elle consiste à tenir compte à la fois des rapports de compétition entre individus appartenant à une même population, et des rapports de compétition entre populations appartenant à une même espèce. Le raisonnement peut être schématisé à propos d'un exemple simple.

Pour les individus, nous admettons que la possession de l'allèle a induisant un comportement altruiste réduit la valeur sélective, deux fois plus s'il est homozygote que s'il est hétérozygote ; la correspondance génotype-valeur sélective est donc

$$\frac{ee}{1} \qquad \frac{ea}{1-s} \qquad \frac{aa}{1-2s}.$$

Quant aux populations, la capacité de chacune à l'emporter dans la lutte contre les autres est d'autant plus grande qu'elle comporte plus d'individus altruistes, capables d'oublier, au cours des luttes, leur propre intérêt au profit de la collectivité. Afin de caractériser le processus, nous admettons que la probabilité, pour une population où l'allèle a a la fréquence x, de se maintenir d'une génération à l'autre est proportionnelle à $1 + cx$, où c est un paramètre positif.

Cet allèle a ainsi deux effets opposés ; à l'intérieur de chaque population la sélection naturelle fait diminuer sa fréquence, mais pour l'ensemble des populations, celles où cette fréquence est élevée se développent et éliminent celles où elle est faible.

Un traitement complet du problème nécessite la prise en compte d'un troisième facteur : la fluctuation au hasard des fréquences dues à la limitation de l'effectif de chaque population, ainsi qu'aux migrations entre populations.

Ce n'est que récemment (1984) que le généticien Motoo Kimura a obtenu une solution rigoureuse en adaptant à ce problème spécifique les équations de Kolmogorov que nous avons déjà évoquées [31].

Il a pu ainsi préciser les conditions dans lesquelles la sélection de groupe peut l'emporter sur la sélection individuelle et donc entraîner un accroissement de la fréquence globale de a. Cette condition peut s'écrire, au prix de quelques approximations,

$$c > 4Nms$$

où N est l'effectif, supposé constant, de chacune des diverses populations et m le taux de migrations[1] entre elles.

On constate ainsi que, dans les espèces où les migrations sont relativement rares et où la population est scindée en de multiples groupes d'effectif faible, l'altruisme peut fort bien provoquer une augmentation globale des gènes qui incitent à ce comportement.

Finalement, par de multiples voies, il est possible d'expliquer le maintien de comportements que nous qualifions d'altruistes ; le problème ainsi posé a été l'occasion pour les sociobiologistes de faire preuve de leurs capacités inventives, pour les généticiens de population de développer leurs traitements mathématiques. Mais lorsque l'on précise le cheminement initial, il semble bien que le « paradoxe » n'ait été qu'apparent. Il résulte avant tout de la volonté d'expliquer l'évolution de toute caractéristique, qu'elle soit physiologique ou comporte-

---

1. C'est-à-dire la proportion des individus qui procréent dans une population alors qu'ils sont nés dans une autre.

mentale, en fonction de ce que nous savons du processus de transmission génétique. Nous enfermons alors notre réflexion dans les limites d'un mécanisme tel que celui décrit par les schémas nᵒˢ 6 ou 7. Mais, nous y avons insisté, la réalité est beaucoup plus complexe et ne peut être décrite, sans trop de trahison, que par des schémas tels que le nᵒ 9 ou le nᵒ 10. Cela est surtout vrai pour la transmission des traits culturels ; elle correspond à une problématique spécifique que nous allons maintenant aborder.

10. La transmission de la culture et ses multiples voies

L'apparition de la « vie » sur la Terre peut être identifiée à l'apparition du pouvoir de reproduction, c'est-à-dire à la réalisation des structures chimiques capables de fabriquer des doubles d'elles-mêmes, les brins d'ADN.

Que ces structures aient été produites pour la première fois sur notre planète par le hasard des rencontres moléculaires, ou qu'elles l'aient été ailleurs et soient parvenues dans notre coin d'univers après un long voyage dans l'espace, est une question qui peut passionner certains, mais qui me semble de peu d'intérêt pour les problèmes que nous examinons ici. Cette novation décisive qu'est la capacité de se reproduire a permis de neutraliser le rôle destructeur de la durée. Chaque fois que, par chance, une structure nouvelle, source d'un pouvoir supplémentaire, apparaît, elle peut être transmise ; elle est potentiellement éternelle. Une accumulation est possible.

Nous avons schématisé au long du chapitre 3 la complexification progressive des êtres dits « vivants ». Il est nécessaire maintenant d'insister à nouveau sur la diversité de la signification des flèches figurant sur les multiples schémas : celles qui, dans le « plan des génotypes », vont des patrimoines génétiques des procréateurs à celui du procréé représentent la transmission d'un objet bien concret, un ensemble de structures chimiques composant un brin d'ADN, structures à partir desquelles vont se dérouler les processus de réalisation biologique de l'individu.

Par contre, sur le schéma n° 8, les flèches qui, dans le « plan des phénotypes », aboutissent au procréé représentent la transmission d'informations immatérielles, en fonction desquelles l'individu va mettre au point ses comportements. Il en est de même des flèches reliant le plan des phénotypes et le plan de la société. « Ce » qui est transmis ne peut plus être décrit objectivement, mais n'en a pas moins acquis une importance devenue décisive à mesure que l'évolution des espèces apportait plus de complexité, et surtout dotait les individus de capacités plus grandes de mémorisation, de compréhension, d'expression. Car « ce » qui est transmis est le contenu d'une mémoire, résultant des informations reçues des autres, mais aussi des événements vécus et interprétés par chacun.

Les mécanismes de transmission de cette mémoire individuelle ou collective sont d'une tout autre nature que ceux des structures chimiques portées par l'ADN ; ils se traduisent par conséquent, à long terme, par un processus d'évolution dont les lois peuvent être totalement différentes. Il se trouve que la discipline scientifique qui étudie la transmission de l'ADN, la génétique, a fait au cours de ce siècle des progrès foudroyants, et leur rythme ne semble guère prêt à se ralentir. La tentation est grande d'accrocher à cette locomotive les wagons que sont les disciplines moins heureuses. C'est l'opération tentée par la sociobiologie, qui s'efforce de faire entrer les phénomènes sociaux dans le moule des phénomènes biologiques. Cet objectif est d'ailleurs assez bien exprimé par le sous-titre qu'a donné E. Wilson à son principal ouvrage : *The New Synthesis* (*a New Synthesis,* plus modeste, aurait été aussi plus réaliste).

Fort heureusement, des chercheurs s'efforcent de développer une analyse spécifique de la transmission de « ce » qui n'est fourni ni par le patrimoine génétique, ni par le milieu matériel, et qui est généralement désigné par le mot *culture*. Ce terme est sans doute un peu grandiose lorsqu'il s'agit seulement du chant d'un oiseau ou de la technique de fabrication d'un nid, mais il est parfaitement adapté à notre propre espèce ; or c'est sur elle que nous portons les regards les plus intéressés.

Il s'agit non seulement d'accumuler des observations, mais d'élaborer des modèles permettant à la fois d'expliquer le réel observé et de faire des prévisions. Il est donc nécessaire de définir des paramètres mesurables, et pour cela d'avoir une approche quantitative. C'est ce qu'ont fait récemment deux chercheurs très connus de l'université de Stanford, Luigi Cavalli-Sforza, généticien, et Marcus Feldman, mathématicien [9]. Leur ouvrage, *Cultural Transmission and Evolution,* ouvre des perspectives nouvelles dans les divers domaines concernés par la transmission des cultures et par leur évolution, que ce soit la diffusion des innovations, la linguistique ou le changement des valeurs admises par une société. L'intérêt principal de leur démarche est d'imposer une discipline rigoureuse dans la définition des termes ; car le bénéfice apporté par une équation permettant de calculer le paramètre x est moins la valeur obtenue pour x que l'obligation de définir ce que représente x. La mathématisation permet avant tout d'échapper aux discussions purement verbales, au cours desquelles de subtils changements du sens des mots permettent d'aboutir à une conclusion, mais parfois au prix du non-sens [20].

Malheureusement, cette mathématisation crée un réel obstacle à la diffusion, et il est peu probable que les magazines, qui retiennent l'attention du public au moyen d'affirmations péremptoires présentées comme « scientifiques », fassent un jour une place à la démarche de ces auteurs. Notre ambition ici, dans un court chapitre, est de montrer, à propos d'exemples simples, comment il est possible de quantifier des domaines qui, à première vue, s'y prêtent mal, de décrire certaines des conclusions dégagées, et surtout de donner au lecteur le désir de se reporter lui-même au livre de Cavalli-Sforza et Feldman.

Les concepts de base

Tout naturellement, la démarche s'inspire au départ de celle des généticiens étudiant la transmission et l'évolution d'une caractéristique biologique, mais il apparaît très vite que les traits culturels nécessitent des définitions spécifiques. Tout d'abord, la transmission d'un trait n'a pas toujours lieu, comme il est de règle pour le patrimoine génétique, entre le procréateur et le procréé ; elle peut se produire entre tout individu capable de s'exprimer et tout individu capable de comprendre. Cela conduit à distinguer, en complétant une distinction adoptée classiquement en épidémiologie :

– la transmission *verticale* entre parent et enfant ;

– la transmission *horizontale* entre individus appartenant à une même génération (par exemple des frères ou sœurs, mais tout aussi bien des personnes non apparentées) ;

– la transmission *oblique* entre individus appartenant à deux générations distinctes (et pas nécessairement proches), mais sans lien de filiation directe.

La première peut être uniparentale, lorsqu'un seul des parents est en situation d'imprimer sa marque à l'enfant, ou biparentale, mais avec des influences qui peuvent être différentes pour le père et la mère (la transmission des caractères génétiques autosomaux [1] correspond au cas où les deux « influences » sont égales). La troisième correspond notamment au processus de l'éducation par l'intermédiaire de l'école ; les « maîtres » sont investis du rôle privilégié de fournir aux jeunes de la génération $g + 1$ les informations sélectionnées par la génération g, ou les générations antérieures.

D'autre part, la transmission culturelle n'a pas le

1. C'est-à-dire les caractères gouvernés par des gènes portés par des chromosomes autres que les chromosomes sexuels X et Y.

caractère de tout ou rien, et d'instantanéité, de la transmission génétique. A l'instant de la conception, le nouveau zygote n'est guère en mesure d'accepter ou non les gènes apportés par les gamètes ; par contre, assez jeune encore, l'individu en cours de formation, ou d'information, peut manifester un refus. (On peut même admettre que, dans notre espèce du moins, l'objectif final de tous ces apports est, ou devrait être, le développement d'une autonomie qui *doit* pouvoir se manifester par des refus.) Deux stades doivent donc être distingués dans le processus de transmission :

- la réception de l'information,
- l'acceptation du contenu de cette information.

Dans certains cas, ces deux événements ne peuvent guère être distingués (par exemple lorsqu'il s'agit d'apprendre la langue maternelle) ; dans d'autres cas, ils correspondent à la phase d'intégration de l'individu au groupe, selon qu'il accepte ou qu'il rejette les coutumes. Celles-ci peuvent définir l'*éthique* de l'ensemble du groupe et les refuser revient à s'exclure, ou seulement l'*étiquette* d'un sous-groupe et les rejeter consiste à ne pas accepter une catégorisation (par exemple l'appartenance à une classe sociale) [9, p. 65].

L'existence de ces deux stades introduit une différence fondamentale entre l'évolution des caractéristiques génétiques et celle des traits culturels ; la sélection progressive des modalités les plus favorables, les mieux adaptées, peut être étudiée au moyen de modèles mathématiques qui apparaissent totalement distincts selon le domaine étudié, dès que l'on s'efforce à un minimum de réalisme.

Dans le cas des mutations génétiques, les résultats généraux sont bien connus ; pour étudier le rythme auquel une telle mutation se répand dans une population, on calcule l'accroissement Δf de sa fréquence à chaque génération. En admettant que l'avantage du nouvel allèle est s chez les hétérozygotes qui n'en ont qu'un exemplaire et $2s$ chez les homozygotes dotés de deux exemplaires, on obtient [24] :

$$(1) \qquad \Delta f = sf\,(1-f).$$

La problématique est moins simple pour une innovation culturelle ; pour que celle-ci se répande, il faut que les individus en soient informés, puis qu'ils soient persuadés de son avantage. Le premier stade correspond à deux mécanismes bien distincts :

– l'information à partir d'une source permanente et ayant une diffusion d'intensité constante (par exemple la publicité donnée à un nouveau produit pharmaceutique par la presse médicale) ;

– l'information à partir des individus ayant déjà adopté l'innovation.

En une première approximation, on peut admettre que le premier mécanisme entraîne un accroissement de la fréquence de cette innovation proportionnel au nombre d'individus qui ne l'ont pas encore adoptée ; quant au second, son effet résulte de la rencontre d'un individu déjà converti et d'un individu qui ne l'est pas encore, l'accroissement de fréquence qu'il entraîne est donc proportionnel au produit des effectifs de ces deux catégories. On peut ainsi écrire :

$$(2) \qquad \Delta f \simeq a\,(1-f) + bf\,(1-f).$$

Le second stade fait nécessairement intervenir, contrairement au processus génétique, une différenciation des individus selon leur disposition à accepter une innovation favorable une fois qu'ils en ont été informés. L'analyse du comportement réel des populations met en évidence la nécessité de distinguer trois types d'individus :

– les « pionniers », toujours prêts à s'enthousiasmer pour la nouveauté ;

– les « traînards », réticents devant le neuf ;

– les passifs, qui adoptent peu à peu la position des « pionniers ».

Finalement, la dynamique du remplacement d'un comportement, ou généralement d'un trait culturel, par un autre plus avantageux ne peut être traitée que par des équations bien différentes de celles développées par les généticiens de population.

L'écart entre les deux problématiques ainsi constaté en

ce qui concerne la pression de sélection n'est pas moindre pour les autres facteurs de changement : mutations, migrations, dérive.

Au cours de la transmission d'un trait culturel des modifications se produisent parfois. Ces modifications peuvent être traitées en première approximation comme des mutations analogues à celles qui transforment le patrimoine génétique. Mais une différence essentielle intervient : les mutations génétiques résultent d'erreurs intervenues par pur hasard ; les changements culturels peuvent résulter d'une volonté, d'un projet.

On ne saurait trop insister sur cette différence. Le dogme de l'analyse scientifique est que la causalité ne remonte pas la flèche du temps ; ce qui se produit aujourd'hui ne dépend que d'aujourd'hui et d'hier, mais pas de demain ; car demain n'a pas d'autre existence que les contraintes que lui impose aujourd'hui. La nature, par hypothèse, n'a pas de projet. Mais cette hypothèse ne peut être étendue aux êtres dont la nature même est de sécréter l'artifice, essentiellement les hommes. Ce qui est produit par l'homme est systématiquement marqué par la conscience qu'il a de l'approche d'un lendemain et par l'objectif qu'il se donne pour ce lendemain ; or la culture est un produit humain, sinon « le » produit humain.

Dans l'analyse des changements culturels, il faut donc se référer au schéma final, le schéma n° 10. Car le mécanisme à prendre en considération est celui symbolisé par la quatrième flèche, celle qui correspond aux effets dont les causes ne peuvent être affectées à des éléments extérieurs à l'individu.

De même, les migrations culturelles peuvent, en première approximation, être traitées comme les migrations génétiques, qui ont fait l'objet de multiples modèles. Mais une distinction s'impose très vite : un comportement nouveau peut être introduit dans un groupe par l'immigration d'un individu ayant, dans sa population d'origine, appris et adopté ce comportement (ce qui est semblable à l'introduction par immigration d'un allèle nouveau). Mais il peut aussi être adopté par pure contagion sans aucun transfert d'individu. La diffusion des religions est certes réalisée par l'envoi de missionnaires, mais la diffusion d'un nouveau style ou d'un nouveau mot peut être obtenue par pure influence à distance ou emprunt de proche en proche.

Enfin, le concept de dérive au hasard, entraînée par la faiblesse de l'effectif du groupe, si central dans les théories actuelles de l'évolution biologique comme nous l'avons vu au chapitre 9, peut être utilisé à propos de la transmission culturelle ; mais il apparaît vite que le mécanisme en jeu peut être d'une tout autre nature. Pour les gènes, la dérive correspond uniquement à la variation de la fréquence d'un allèle d'une génération à l'autre, lorsque l'effectif est impuissant à annuler l'effet aléatoire des loteries génétiques individuelles. Pour les comportements, un lien peut exister entre l'effectif et l'intérêt pour le groupe d'adopter telle ou telle attitude ; l'une est favorable pour un petit groupe, une autre pour un grand ; il s'agit d'une influence de l'effectif sur les valeurs sélectives des diverses modalités d'un trait, ce qui est un processus bien différent de la dérive.

Nous constatons, au total, qu'une analogie presque évidente peut être évoquée, à propos de chacun des facteurs en jeu, entre transmission culturelle et transmission génétique. Mais cette évidence est, à chaque fois, trompeuse ; elle peut être un guide pour un premier débroussaillage, mais elle risque de nous camoufler l'essentiel. Il n'est pas excessif d'affirmer que bien des explications des sociobiologistes reposent sur de telles assimilations hâtives qui n'ont valeur que de métaphores ; elles n'en sont pas moins présentées souvent comme des preuves.

Une analyse du modèle le plus simple, celui de la transmission *verticale* (de parents à enfants), met en évidence certains des pièges dans lesquels il est facile de tomber.

Transmission verticale

Nous admettons que le trait culturel étudié n'est transmis que des deux parents à l'enfant. Pour simplifier, nous considérons un trait ne présentant que deux modalités T et T̄.

Les couples parentaux sont de quatre types selon que le père et la mère sont T ou T̄. Si le processus de transmission était rigoureusement déterministe, il suffirait, pour le décrire, d'indiquer dans chacun des quatre cas le trait présenté par l'enfant. Mais une hypothèse aussi rigide n'est évidemment pas tenable : des couples de même type ont des enfants présentant des traits différents. La description du processus est donc donnée par les probabilités pour que l'enfant présente le trait T dans chacun des cas, c'est-à-dire par le tableau :

Cas	1	2	3	4
Type du père	T	T	T̄	T̄
Type de la mère	T	T̄	T	T̄
Probabilité enfant T	P_1	P_2	P_3	P_4

Malgré son allure simpliste, ce modèle permet de mettre en lumière certains aspects du processus évolutif.

Tout d'abord quelques modèles extrêmes montrent la signification concrète des paramètres que sont les quatre probabilités :

a) si $P_1 = P_2$ et $P_3 = P_4$: tout se passe comme si la transmission dépendait essentiellement du père (et réciproquement de la mère si $P_1 = P_3$ et $P_2 = P_4$) ;

b) si $P_1 = 1$, $P_2 = P_3 = 1/2$, $P_4 = 0$: tout se passe comme dans le cas de la transmission génétique autosomale, chacun des parents intervient pour moitié dans la définition du trait de l'enfant ;

c) si les quatre probabilités sont telles que l'on puisse trouver deux termes e_p et e_m permettant d'écrire :

$$P_1 = P_4 + e_p + e_m, \qquad P_2 = P_4 + e_p, \qquad P_3 = P_4 + e_m,$$

tout se passe comme si le père et la mère apportaient chacun un effet additif propre, e_p ou e_m, à la probabilité pour l'enfant de manifester le même trait qu'eux ;

d) si $P_1 = P_2 = P_3 = 1$, $P_4 = 0$: tout se passe comme si la modalité T du trait se transmettait par contagion (et réciproquement T̄ est « contagieux » si $P_1 = 0$, $P_2 = P_3 = P_4 = 1$).

Selon que les valeurs observées se rapprochent de tel ou tel modèle, on peut ainsi définir une typologie des divers modes de transmission. Un tel cheminement permet notamment de préciser quelle est la position d'équilibre, c'est-à-dire de calculer une fréquence de T telle qu'elle reste inchangée dans deux générations successives. Pour y parvenir, il suffit de faire une hypothèse sur la façon dont se constituent les couples. La plus simple, et parfois la plus réaliste, est d'admettre que le trait étudié n'intervient pas dans le choix du partenaire ; dans ce cas, si f est la fréquence de T, la fréquence des couples T × T est f^2, de T × T̄ $f(1-f)$...

Dans la génération suivante la fréquence de f sera devenue :

$$f' = P_1 f^2 + P_2 f(1-f) + P_3 f(1-f) + P_4(1-f)^2 ;$$

l'équilibre sera atteint si $f' = f$: il suffit donc pour obtenir la valeur d'équilibre de résoudre une équation du second degré.

Tout cela n'a d'intérêt que s'il est possible de remplacer les P_i par des nombres résultant d'observations. C'est ce qu'a commencé à réaliser l'équipe de l'université de Stanford en faisant une enquête sur environ 200 étudiants de cette université. Certes, il s'agit d'un échantillon de faible taille et évidemment biaisé, car ces étudiants ne sont guère représentatifs de l'ensemble de la population, mais l'objectif est surtout de faire un exercice de style en confrontant la réalité particulière ainsi observée aux modèles théoriques imaginés.

L'enquête a porté sur 41 traits allant de l'appartenance religieuse ou politique au goût pour les plats très salés ; pour 20 d'entre eux, les probabilités P_1 à P_4 n'étaient pas significativement différentes, ils n'étaient donc pas, apparemment, objets d'une transmission de type vertical. Quant aux 21 autres, ils ont pu être classés selon qu'ils dépendaient

– seulement de la mère : appartenance religieuse, lecture des horoscopes, croyance que la margarine est meilleure pour la santé que le beurre, etc.

– seulement du père : goût pour le football ou le base-ball, goût pour les visites de musée, choix d'être conservateur en politique, etc.

– ou des deux : préférence pour le parti démocrate, fréquence de la participation aux offices religieux, etc.

Ainsi, les résultats détaillés obtenus pour les traits T_1 : goût pour les plats salés, T_22 : fréquence de la prière, T_3 : intérêt pour la politique, sont les suivants :

Type du couple	*père* T *mère* T	$\dfrac{T}{T}$	$\dfrac{T}{\bar{T}}$	$\dfrac{\bar{T}}{T}$	$\dfrac{\bar{T}}{\bar{T}}$
Probabilité	T_1 sel	0,60	0,36	0,65	0,26
enfant T	T_2 prière	0,68	0,20	0,57	0,19
	T_3 politique	0,72	0,44	0,40	0,25

Il est clair que pour le trait T_1, l'influence de la mère est prépondérante ; une étude statistique montre que les probabilités obtenues ne diffèrent pas significativement de l'ensemble (0,63, 0,30, 0,63, 0,30) qui correspond à une transmission uniparentale maternelle. Il en est de même pour le trait T_2.

Par contre, pour le trait T_3 chacun des parents a une influence et il apparaît que le modèle additif est compatible avec les observations : la technique de maximum de vraisemblance aboutit, avec les notations du modèle c), à : P_4 : 0,23, $e_p = 0,27$, $e_m = 0,21$ (ce qui correspond à $P_1 = 0,71$, $P_2 = 0,50$, $P_3 = 0,44$, $P_4 = 0,23$ non significativement différents des proportions observées). Autrement dit, l'intérêt pour la politique se manifeste chez 23 % des jeunes indépendamment de l'influence paren-

tale ; cette proportion s'accroît de 27 % si le jeune a un
père s'intéressant à la politique, de 21 % si la mère s'y
intéresse, et ces deux influences s'ajoutent.

Enfin, on peut confronter la fréquence du trait observé
à celle qui résulte de l'équation d'équilibre. Pour le premier trait, T_1 a une fréquence de 30 % chez les parents,
36 % chez les enfants, et l'équilibre correspondrait à
45 % ; ces trois nombres sont cohérents, ils suggèrent que
l'on est dans une phase d'expansion du goût pour les
plats salés. Pour le trait 2, T_2 a une fréquence de 59 %
chez les parents, 50 % chez les enfants, et l'équilibre correspondrait à 33 % ; là encore il y a cohérence, mais il
s'agirait d'une phase de régression de ce trait, la fréquence de la prière. Il en est de même pour le trait 3, l'intérêt pour la politique, où l'on constate une régression
plus rapide encore avec des proportions de, respectivement, 75 %, 59 % et 41 %.

Mais, encore une fois, il ne s'agit là que d'un exercice
de style qui ne prétend pas aboutir à une description fine
de la réalité sociale d'aujourd'hui. L'important ici est la
démarche suivie et le respect de la rigueur auquel elle
contraint.

Autres types de transmission

La formalisation des transmissions horizontales ou
obliques est beaucoup plus complexe, car il n'y a plus
systématiquement deux fournisseurs d'informations, le
père et la mère, mais un nombre variable. Il faut donc
faire intervenir, pour étudier le processus de diffusion
d'une innovation, de nouveaux paramètres : nombre
d'individus détenteurs de cette innovation, nombre de
contacts des autres avec eux, probabilité pour que ce
contact se traduise par l'adoption du nouveau comportement... L'introduction dans les modèles de termes représentant l'influence de la pression de sélection, ou l'effet
de la dérive, des mutations et des migrations, rend leur

traitement fort complexe ; il n'est guère possible ici que d'évoquer quelques résultats et de renvoyer le lecteur, pour une vision d'ensemble, à l'ouvrage de Cavalli-Sforza et Feldman.

Le cas le plus simple de transmission horizontale est celui des germains (frères ou sœurs), dont il est bien connu qu'ils prennent une large part à l'éducation les uns des autres, en parallèle avec les parents. L'exemple classique de cette problématique est la recherche du mécanisme expliquant une observation souvent réalisée : les performances intellectuelles, telles du moins que prétend les résumer le QI, sont en moyenne décroissantes en fonction du rang de naissance. Deux types d'explication ont été proposés : 1) la stimulation apportée par les parents a une intensité moindre à mesure que les enfants sont plus nombreux (c'est donc la transmission verticale qui serait en cause), 2) les enfants les plus jeunes sont partiellement éduqués par les plus vieux et ceux-ci bénéficient de ce rôle d'enseignant (ce qui impliquerait une transmission horizontale).

Dans un tel cas, on peut chercher à élaborer un modèle tenant compte des deux modes de transmission, et s'efforcer d'évaluer les paramètres entrant dans ce modèle en fonction des observations réalisées. Mais il apparaît vite que le nombre de ces paramètres est tel que l'imprécision de leur mesure ne permet pas de conclure. Pour s'en rendre compte, il suffit d'étudier le cas d'un trait à deux modalités, T et $\bar{T}$, dans des familles de deux enfants.

Supposons que l'influence parentale (c'est-à-dire la transmission verticale) soit du type additif, les probabilités pour chaque enfant de manifester le trait T étant données par des relations telles que celles du modèle c). L'influence de l'aîné sur le second (c'est-à-dire la transmission horizontale) peut entraîner une modification du trait chez ce dernier. Considérons, par exemple, le cas n° 1, celui d'un couple T × T. Selon le modèle c) la probabilité pour le premier enfant d'être T est $P_1,$[(1)] $= P_4 + e_p + e_m$. Quant au second il peut être T, soit du fait de l'influence directe de ses parents, soit parce que, étant initialement T, il a été transformé par l'influence du premier ; la probabilité $P_1^{(2)}$ d'être T pour le second enfant s'écrit donc :

$$P_1^{(2)} = P_4 + e_p + e_m + c\,(1 - P_4 - e_p - e_m)\,(P_4 + e_p + e_m)$$

où c représente la capacité d'une « conversion » du second par le premier. On peut ainsi relier les 8 termes $P_i^{(1)}$ et $P_i^{(2)}$ observés dans de telles familles aux 4 paramètres explicatifs P_4, e_p, e_m et c.

Ce modèle a été appliqué à des données recueillies dans la population de Taiwan à propos du « trait » qu'est l'affiliation au bouddhisme ; on a mis en évidence une influence très importante du frère ou de la sœur aîné : la probabilité c définie précédemment est de l'ordre de 80 %.

Il est facile d'imaginer combien les modèles théoriques deviennent complexes dès que l'on tient compte, à côté des divers types de transmission verticale, horizontale ou oblique qui peuvent intervenir simultanément, des processus de sélection, de migration, de choix du conjoint ou de dérive aléatoire, et si l'on s'intéresse à des traits présentant plus de deux modalités. Le nombre de paramètres devient tel que l'on peut craindre de ne jamais disposer de données d'observation suffisamment nombreuses et précises pour permettre une estimation.

Tel est le cas, par exemple, pour l'évolution des préférences religieuses. L'enquête menée parmi les étudiants de Stanford a permis de classer ceux-ci, et leurs parents, en quatre catégories : protestants, catholiques, juifs, autres. On peut donc distinguer 16 types de couples parentaux et 4 types d'enfants : le tableau des données initiales comporte donc 64 cases.

Le résultat le plus clair de l'ensemble de ces données est l'influence de cette caractéristique sur le choix du conjoint : dans 146 cas sur 187, le couple parental est homogame (les deux parents ont la même religion), alors que si les mariages s'étaient conclus indépendamment de la religion, ce nombre n'aurait été que de l'ordre de 57. L'influence parentale sur les enfants est particulièrement manifeste dans la progéniture de ces couples homogames : les enfants sont semblables à leurs parents dans 108 de ces 146 cas, alors qu'en l'absence de cette influence ce nombre aurait été voisin de 42. L'analyse des couples non homogames met, d'autre part, en évidence une influence très prépondérante de la mère : dans 11 cas sur 41, l'enfant a la religion du père, dans 27 celle de la mère, et dans 3 une autre religion.

Dans le domaine religieux, l'existence, à côté de la transmission verticale, d'une influence du milieu est évidente ; elle a même reçu depuis longtemps un nom spécifique, celui de conversion. Dans l'enquête de Stanford, on constate ainsi que 41 étudiants sur 187 déclarent une religion autre que celle (ou celles) de leurs parents ; cependant, 35 d'entre eux se classent dans la catégorie « autre », ce qui ne correspond sans doute pas à une conversion au sens classique du terme, mais au simple refus de la position des parents sans choix précis d'une autre religion. Le nombre des cas de véritable « conversion » n'est que de 6.

Au total, on voit que, pour des domaines aussi complexes, l'observation de la réalité aboutit beaucoup plus à des conclusions qualitatives qu'à la mesure de paramètres ayant un sens clair. Ceux-ci peuvent être définis et donner la possibilité de développements théoriques, mais il apparaît bien difficile de les utiliser pour expliquer les constatations.

En fait, les cas où les modèles peuvent être projetés avec fruit sur la réalité sont essentiellement ceux où la transmission culturelle est réalisée selon un processus qui s'apparente à la transmission génétique. Tel est le cas par exemple du nom de famille. Transmis, dans nos sociétés, du père au fils, ce nom est assimilable à un trait gouverné par un gène porté par le chromosome Y (possédé, on le sait, en un exemplaire par les mâles des espèces semblables à la nôtre, alors que les femelles sont dotées de deux chromosomes X).

Cette particularité explique pourquoi les développements théoriques sur l'évolution de ce trait sont en très bon accord avec les observations. Une des conclusions des modèles étudiés est le rythme avec lequel un nom de famille disparaît dans une population. Supposons que celle-ci ait un effectif constant et que la répartition des familles selon le nombre de leurs fils soit donnée, λ_k représentant la proportion des couples ayant k fils, par :

$$\text{si } k \geqslant 1 : \lambda_k = (1 - \lambda_0)^2 \lambda_0^{\,k-1}$$

(on vérifie facilement que la moyenne du nombre de fils est $m = \Sigma \, k \, \lambda_k = 1$, ce qui correspond à la constance de l'effectif).

On peut dans ces conditions montrer que si un nom de famille est porté, dans une génération, par x hommes, la probabilité qu'il ait disparu n générations plus tard est donnée par

$$P\,(n) = \left[\frac{n \, \lambda_0}{1 + (n - 1) \, \lambda_0} \right] x.$$

L'étude d'un cas réel a été effectuée à partir des registres paroissiaux de quarante villages de la vallée de Parme en Italie. Ces registres permettent de reconstituer l'histoire des familles jusqu'au XVIIe siècle [64]. La façon dont certains noms se sont répandus et d'autres ont progressivement été éliminés est décrite avec une bonne précision par le modèle théorique ; ainsi, les probabilités pour qu'un nom ait disparu après dix générations selon le nombre d'individus qui le portaient dans la génération initiale sont les suivantes :

Nombre de « porteurs » à l'origine	1	2	3	4	5	7 à 19
Probabilité calculée	0,80	0,64	0,51	0,41	0,32	de 0,26 à 0,01
de disparition observée	0,82	0,64	0,45	0,50	0,50	0,17

L'accord entre la réalité et le modèle est donc assez remarquable. Mais, encore une fois, il s'agit d'un cas où la transmission est d'un type génétique.

Un tel accord peut d'ailleurs, dans certains cas, être à l'origine d'interprétations erronées. Le fait qu'un trait se transmette, et évolue, conformément à un modèle du type génétique peut conduire à conclure que ce trait est génétiquement déterminé. En ce qui concerne les noms de famille, il n'y a guère de risque de confusion, car l'on sait fort bien comment ces noms sont attribués ; mais l'erreur a été commise à propos d'une maladie découverte dans une tribu du centre de la Nouvelle-Guinée, le kuru. Affectant le système nerveux central, elle entraîne la mort quelques années après l'apparition des premiers symptômes ; l'étude des généalogies montre que cette maladie est transmise de parents à enfants : le fait que les femmes soient atteintes cinq fois plus souvent environ que les hommes avait conduit à conclure que le kuru était dû à un gène récessif chez les hommes et dominant chez les femmes.

On a pu montrer par la suite que la cause réelle du kuru est un virus. Le fait que sa transmission soit semblable à une transmission génétique est dû aux coutumes de cette tribu. Les cérémonies mortuaires comportaient notamment l'obligation pour certains membres de la famille, principalement les femmes, de manger le cerveau du défunt ; or le cerveau d'une personne atteinte est très riche en virus. L'interdiction de ces pratiques anthropophages au début des années soixante a entraîné une diminution de l'incidence de la maladie ; elle a maintenant presque totalement disparu.

Cet exemple montre avec quelle prudence il convient d'interpréter les données et les précautions à prendre, avant d'affirmer, au vu de généalogies, que tel trait, telle maladie est « génétique ». Cette conclusion peut être fondée lorsque, comme Mendel avec ses pois, il est possible de multiplier les expériences en réalisant, autant de fois que nécessaire, des croisements de tous types. Dans le cas de notre espèce, de telles expériences sont évidemment hors de question et il faut se contenter de l'observation du réel. Il est rare que celui-ci permette d'aboutir à des affirmations incontestables.

Distances génétiques et distances culturelles

Il convient d'insister sur une différence fondamentale entre les résultats auxquels aboutissent, d'une part, le processus de transmission génétique, maintenant bien connu, et, d'autre part, les divers processus de transmission culturelle, dont l'analyse commence seulement à progresser.

On peut admettre que les groupes humains constituant des « populations » homogènes sont définis de façons semblables, qu'il s'agisse de leur patrimoine génétique ou de leur patrimoine culturel. En effet une « population génétique » (on dit parfois une « population mendélienne ») est essentiellement caractérisée par le domaine à l'intérieur duquel les couples procréateurs se constituent. Elle est qualifiée de « panmictique » si le choix du partenaire s'y effectue au hasard, indépendamment des gènes possédés par chacun, et si aucun apport extérieur n'intervient. Naturellement ce n'est là qu'un cas idéal, mais il est en général possible de définir des groupes qui ne s'écartent que faiblement de ce modèle. L'étude des isolats humains a montré que l'on peut, en tout cas, mesurer de façon assez précise les écarts au modèle théorique, notamment en ce qui concerne les passages des gènes ou d'individus au travers de la frontière de la population, et calculer des taux d'immigration et d'émigration [voir notamment 8].

Or les règles qui gouvernent cette constitution des couples représentent une part essentielle de la culture. « Qui » peut, ou doit, épouser « qui » est souvent la règle à partir de laquelle se manifeste l'appartenance à une société. Les tabous en ce domaine ne sont-ils pas de ceux qui s'imposent avec le plus de rigueur ? Le mécanisme de la différenciation et de l'individualisation des « populations » résulte de l'intervention, en un faisceau inextricable, de faits génétiques et de faits culturels, les uns accentuant les effets des autres. Définir des populations selon leur contenu génétique ou selon leur contenu culturel aboutit ainsi à des classifications qui se recouvrent ; il n'y a donc pas d'incohérence à les comparer, d'une part, selon leurs distances génétiques, d'autre part, selon leurs distances culturelles.

Or ces comparaisons aboutissent à des résultats tout différents.

Les travaux des généticiens ont eu souvent pour objet, dans la ligne de ce qu'avaient fait les anthropologues, notamment durant le xixe siècle et au début du xxe, de mettre en évidence les différences de structure génétique ; il s'agissait de donner une base scientifique, objective, à la définition des différentes « races ». Tel a été, par exemple, l'objectif initial de l'hématologie géographique s'efforçant de préciser, pour de nombreux marqueurs sanguins, les fréquences rencontrées partout sur la planète et de tracer des frontières entre les zones où ces fréquences différaient notablement. L'aboutissement de ces recherches, menées avec beaucoup de minutie, a été à l'opposé du résultat attendu ; au lieu de donner enfin une définition claire des diverses races, elles ont totalement brouillé notre regard, au point que nombre de généticiens refusent, pour l'espèce humaine, d'évoquer ce concept, incapables qu'ils sont d'en préciser le sens.

En effet, les distances génétiques les plus importantes ne se trouvent pas entre les groupes, mais entre les individus appartenant à un même groupe. Dans la plupart des cas, un allèle quelconque, par exemple A, B ou O pour le système sanguin le plus connu, ne caractérise nullement une population, car il est presque omniprésent ; certains groupes humains ne possèdent que deux ou même un seul de ces trois allèles mais ils sont rares. Les distances entre populations ne correspondent qu'à des écarts entre les fréquences des divers allèles. Ces fréquences n'atteignent que bien rarement 100 % ou 0 %, autrement dit il y a peu de populations homogènes pour un allèle donné. Trois chiffres proposés indépendamment par le zoologiste R. Lewontin, de Harvard [38], et par le généticien-mathématicien M. Nei, de Houston [44], mettent en lumière la difficulté de la classification des hommes en « races ». Si l'on représente par le chiffre 100 la « distance génétique » moyenne entre deux hommes pris au hasard sur la planète, cette distance peut s'analyser en trois termes :

- la distance entre « grandes races »
  (mongoloïde, causoïde, négroïde)   :   7
- la distance entre nations appartenant à une
  même « race »   :   8
- la distance entre individus appartenant à une
  même nation   :   85

(la référence aux nations résulte bien sûr d'une commodité statistique, et ne signifie pas que ces nations aient une individualité génétique).

Pour l'essentiel, les écarts se situent donc entre les individus et non entre les groupes. L'anthropologue cherchant à définir les races humaines se trouve dans la situation d'un magasinier chargé de répartir dans des casiers, correspondant à des catégories différentes, des ressorts de diverses longueurs. Si pour 85 % la dispersion de ces longueurs est due à l'affaissement de ces ressorts selon l'usage qui en a été fait, et non à leur structure propre, le résultat obtenu risque fort de ne rien signifier et de varier d'un magasinier à l'autre. C'est la conclusion que bien des anthropologues ont dû admettre.

Si les écarts génétiques entre populations sont globalement beaucoup plus limités que l'on ne s'y attendait, les écarts culturels au contraire sont extrêmement marqués. Pour les gènes, la plupart des populations sont polymorphes, les allèles de fréquences 0 % ou 100 % sont rares ; pour les traits culturels, c'est le polymorphisme qui est peu observé, la plupart de ces traits sont « fixés » ici (avec une fréquence de 100 %) et ont disparu là (0 %). Le cas le plus significatif est sans doute celui du langage ; malgré l'évidente filiation de certaines langues, ceux qui les pratiquent ne peuvent absolument pas se comprendre de l'une à l'autre. De même, lorsque l'on examine dans les diverses tribus africaines le plan adopté pour construire les cases, on constate que, dans l'immense majorité des cas, ce plan est soit rond, soit carré ; les solutions intermédiaires, plan elliptique ou semi-circulaire ou variable, sont très rares.

Certains traits culturels peuvent se prêter à une quasi-quantification, ce qui permet de mieux mesurer leur dispersion ; ainsi, la contribution des deux sexes aux activités de pêche peut être caractérisée par un paramètre allant de 0, lorsque ces activités sont réservées aux hommes, à 1, lorsqu'elles sont réservées aux femmes, et prenant les valeurs intermédiaires lorsque ces tâches sont réparties entre les sexes. On constate que ce paramètre est le plus souvent égal à 0 ou à 1 et que les valeurs intermédiaires sont très rares, autrement dit la courbe représentant la distribution des diverses valeurs observées a une forme de U.

Étrangement, cette distribution correspond à celle prévue pour les modèles de transmission génétique lorsque l'effet de la dérive (c'est-à-dire de l'évolution aléatoire des fréquences géniques) est prépondérant ; or cet effet est d'autant plus prononcé que l'effectif de la population est plus petit. Cavalli-Sforza et Feldman proposent d'expliquer cette correspondance par l'intervention d'une transmission oblique à partir d'un petit nombre d'« enseignants », ou même à partir d'un enseignant unique pour toute la population. On peut ainsi introduire le concept d'« effectif culturel équivalent » qui peut être beaucoup plus petit que l'effectif génétique. Le processus de transmission aboutit alors, par dérive, à une homogénéisation de chaque groupe et à la différenciation de ceux-ci.

Naturellement, cette différenciation n'est pas due qu'à la dérive. L'influence du milieu peut être décisive ; selon que des carrières de pierres sont ou non disponibles, selon que le climat est pluvieux ou ensoleillé, c'est toute la culture qui se trouve modifiée.

Pour terminer, remarquons que les schémas décrivant la transmission culturelle ne sont pas complets s'ils se bornent à décrire les liens entre individus ou entre société et individus. La culture est une sécrétion humaine et sa caractéristique essentielle est, comme tout ce qui concerne l'homme, la complexité. Il faut par conséquent prendre en compte le pouvoir d'auto-organisation qui découle de cette complexité. Autrement dit, le schéma n° 9 est insuffisant, il faut raisonner sur un schéma tel que le n° 10, montrant que les transformations subies par une culture sont aussi fonction de la culture elle-même.

Il est clair, par exemple, que le rythme auquel une culture se transforme est, en soi, un trait propre de cette culture. Certaines sont par nature conservatrices, stables ; elles accordent une valeur à la permanence, au respect des règles antérieures, à la fidélité au passé. D'autres sont par nature novatrices, mouvantes ; la valeur vient de la nouveauté, de la remise en cause, du changement.

L'étude de l'évolution des traits culturels ne peut être menée valablement sans prendre en compte cet auto-déterminisme. La mise au point de modèles explicatifs des évolutions observées débouche alors nécessairement sur des analyses complexes [voir, par exemple, 34] bien éloignées des affirmations simplistes de quelques idéologues qui croient pouvoir affirmer, en s'appuyant sur la sociobiologie, que la domination des femmes par les hommes ou le droit de propriété sont des impératifs inscrits dans la « nature » humaine. On peut même craindre que la prise en compte du pouvoir autocréateur des cultures n'élève une barrière infranchissable à la recherche de modèles explicatifs des transformations observées. Comment, en présence de processus aussi enchevêtrés, prétendre inférer des effets aux causes ?

11. Des effets aux causes

Vous êtes sur le pont de Nantes, celui sur lequel, selon la chanson, il est si dangereux de danser. Vous revient en mémoire, en regardant le fleuve, l'un des plus célèbres alexandrins, sans doute, de notre langue : « La Loire prend sa source au mont Gerbier-de-Jonc. » Que peut vous apprendre sur cette lointaine montagne du Massif central le flot qui passe sous vos pieds ?

Rien. Il est fort possible qu'aucune des gouttes d'eau qui le composent n'ait parcouru ce long trajet, qu'aucun message n'ait été transmis de « la » source à l'embouchure.

Les tentatives pour remonter du résultat finalement observé ou obtenu aux phénomènes qui l'ont provoqué sont pourtant l'exercice permanent de la science. Car celle-ci, après avoir observé, a l'ambition d'expliquer. Il n'est pas inutile d'insister sur les obstacles inévitablement rencontrés par la réalisation de cette ambition.

La ou les causes ?

Il faut tout d'abord dénoncer la tendance spontanée à rechercher systématiquement « la » cause du phénomène observé, ce qui revient à adopter l'hypothèse implicite que cette cause est unique. Or il est bien rare qu'un événement ait une seule cause ; on ne peut évoquer « la » cause qu'en privilégiant arbitrairement, et le plus souvent abusivement, l'une d'entre elles. Et ce choix

dépend des circonstances. Si je lâche une tasse de porce-
laine, elle tombe et se casse, « la » cause de la catastrophe
est ma maladresse. Un cosmonaute de retour sur la Terre
après un long séjour en état d'impesanteur, à qui la
même mésaventure arrive, aura, lui, le réflexe d'incrimi-
ner le champ de gravitation ; « la » cause est l'influence
de ce champ ; là-haut il pouvait tout lâcher sans crainte.

Les causes étant en général multiples, l'objet de la
recherche est de préciser l'ensemble de leurs interactions.
Cette multiplicité accroît rapidement le nombre d'associations possibles et oblige à prendre en considération un
mécanisme complexe.

Dans les sciences expérimentales, cette difficulté est
surmontée en répétant les expériences autant de fois qu'il
le faut pour explorer les divers « cas de figure », et surtout en mettant en évidence les effets, sur le résultat
final, de la variation d'une seule des causes identifiées,
toutes les autres étant maintenues constantes. La répéta-
bilité constitue d'ailleurs un des critères permettant de
qualifier de « scientifique » un résultat expérimental.

Par contre, dans les sciences d'observation, le chercheur n'est pas maître des événements, il ne peut qu'enregistrer le déroulement et l'aboutissement des « expériences » que la Nature a spontanément provoquées.
Dans certaines circonstances, avec un peu ou beaucoup
de patience, il est possible d'attendre que la plupart des
cas possibles se soient présentés, chacun, plusieurs fois.
La répétition de certaines séquences met alors en mesure
d'inférer de l'observation à des lois générales. Telle est la
situation de l'astronome qui se trouve face à des objets
plus ou moins massifs, plus ou moins lointains, plus ou
moins âgés, qui lui fournissent des informations concernant des périodes plus ou moins anciennes. Si l'on admet
que les lois qui régissent l'univers sont les mêmes partout
et toujours, l'astronome peut raisonner comme si se
déroulaient dans l'espace de multiples expériences déca-
lées dans le temps. Lorsqu'il s'agit de planètes, la répétition de leurs parcours met en évidence des constances, et
ces régularités peuvent être expliquées par une loi, celle

de la gravitation par exemple. Lorsqu'il s'agit d'étoiles, leurs caractéristiques permettent non seulement de les classer, mais d'imaginer la séquence des événements qui se déroulent de leur naissance à leur mort.

Mais il est des domaines où, par la nature même du phénomène étudié, il est exclu que des observations répétées puissent être obtenues, ou que la règle d'or spécifiant que les variations doivent être étudiées « toutes choses égales par ailleurs » puisse être respectée. Tel est le cas pour les sciences liées à l'histoire des hommes.

Les caractéristiques les plus banales résultant de certains aspects de cette histoire montrent combien la recherche des causes peut se heurter à des obstacles infranchissables. Au lieu de contempler les eaux de la Loire à Nantes, mesurons, partout où nous en rencontrons, l'écartement des voies de chemin de fer. Voilà bien une caractéristique importante, qui conditionne de multiples activités humaines ; le « Martien » de la fable débarquant sur la Terre pourrait raisonnablement imaginer, dans une première phase naïve de sa réflexion, que cet écartement a été déterminé par chaque pays grâce à de savants calculs permettant de lui donner la valeur optimale. Il éprouve une première surprise : en France, en Allemagne, au Japon, en Argentine, cet écartement est partout le même, 143,5 cm. Seconde surprise : il est différent en URSS (150 cm) et dans la péninsule Ibérique (168 cm). Il cherche alors la cause de cette valeur presque universellement adoptée et les causes des quelques exceptions observées ; il s'efforce de reconstituer les processus qui convergent vers cette valeur mystérieuse : 143,5 cm.

La réalité en ce domaine, nous le savons, correspond en fait à une absence totale de processus raisonnable. Le premier ingénieur ayant eu l'idée, en 1804, en Angleterre, de faire circuler des wagons sur des voies à écartement constant a adopté (en fonction, paraît-il, de la distance entre les ornières sur les voies romaines) un écartement de 4 pieds 8,5 pouces. Par la suite, cet écartement est apparu à certains promoteurs de chemins de fer comme trop étroit. Ainsi les constructeurs du Great Western, reliant Londres à Bristol, avaient opté en 1835 pour 7 pieds (soit 2,1 mètres) ; mais ils étaient isolés ; la nécessité d'un écartement uniforme obligea le Great Western à s'aligner sur la norme en 1892. Tout naturellement, les autres pays européens, américains, asiatiques..., adoptèrent, sans la remettre en question, la norme anglaise.

L'exception espagnole peut, étrangement, être imputée à Napoléon. Non que l'empereur des Français se soit occupé du problème. Mais, lors de la construction du réseau ibérique, le souvenir de l'invasion napoléonienne était encore vivace ; les constructeurs de voies ferrées ont voulu avant tout éviter que les troupes d'au-delà des Pyrénées ne puissent déferler en utilisant les chemins de fer.

La difficulté serait la même pour un observateur non prévenu, notre « Martien », s'intéressant aux règles de conduite sur les routes. Sachant que les hommes sont des êtres doués de raison, il chercherait à découvrir à la suite de quelles réflexions ils ont opté, à la quasi-unanimité, pour la conduite à droite (alors que sur les voies ferrées leurs trains roulent à gauche) ; il chercherait également les causes biologiques, climatiques, neurologiques, génétiques, ou autres, qui ont fait opter les Britanniques et les Japonais pour la conduite à gauche. A partir de ce fait d'observation dûment vérifié, il échafauderait nécessairement une théorie « rationnelle », qui parviendrait à tout expliquer, mais qui risquerait fort de n'avoir que peu de rapport avec la réalité.

Entre les expériences concrètes et les expériences de pensée, les simulations

Les problèmes que nous venons d'évoquer sont liés à des événements que l'on peut éventuellement reconstituer, ou apprendre dans des livres, et qui nous livrent la clé de l'état actuel des choses. La difficulté est beaucoup plus grande lorsque nous essayons de comprendre la longue évolution du monde vivant. L'aboutissement provisoire, actuel, de cette évolution peut être décrit avec une grande précision ; mais les états passés ne sont connus qu'au travers des données éparses fournies par les restes exhumés des sites paléontologiques. La succession de ces états est nécessairement d'interprétation douteuse, car le cheminement de l'évolution ne s'est produit, à notre connaissance, qu'une seule fois. Comment déceler dans ce cheminement ce qui correspond aux effets nécessaires de causes déterministes et ce qui résulte de l'aléatoire d'événements dont la genèse ne peut être reliée à ce que nous connaissons de la réalité de leur époque ?

La seule issue est d'imaginer des modèles et de considérer parmi eux comme « valables » ceux qui, à la fois,

– sont compatibles avec les faits historiques reconstitués,

– sont les plus simples, c'est-à-dire font intervenir le plus petit nombre de paramètres.

Soulignons que, là encore, la charge de la preuve est inversée. Il ne s'agit pas pour ceux qui proposent un modèle d'en défendre la validité en apportant la démonstration qu'il correspond à la réalité, mais, pour ceux qui s'y opposent, de montrer sa non-validité, en mettant en évidence les incohérences entre les conséquences du modèle et les observations réalisées. Vérifier les conséquences d'un modèle consiste à effectuer des expériences sur des dispositifs concrets reproduisant les schémas de déroulement admis par ce modèle. Lorsque celui-ci est complexe, lorsqu'il met en jeu des facteurs interagissant les uns avec les autres selon de multiples cas de figure, il est nécessaire de multiplier les expériences, ce qui est coûteux et surtout long.

D'autre part, si l'on admet que certains des processus en cause font intervenir le « hasard », le dispositif expérimental doit comporter l'équivalent d'une loterie : on est alors en présence d'un modèle dit « de Monte Carlo », par référence à la ville dont le dieu « hasard » a fait la fortune. Dans un tel cas, pour que les résultats obtenus dégagent certaines lignes générales, force est de réaliser de très nombreuses expériences, d'où un problème de moyens et de durée qui avait relégué, jusqu'à il y a quelques décennies, les modèles de Monte Carlo au rang d'« expérience de pensée », c'est-à-dire de mise en œuvre d'un dispositif parfaitement défini, mais irréalisable en pratique.

Tout a changé avec l'arrivée des calculateurs rapides. Il est extrêmement facile de simuler le hasard en produisant des nombres dont la séquence peut être considérée comme aléatoire, par exemple en fournissant des nombres de trois chiffres tels que, de 000 à 999, tous aient la même probabilité d'apparaître, et tels que les nombres successifs ne soient pas corrélés (autrement dit la production d'un nombre ne dépend pas de ceux qui l'ont précédé).

Grâce à cette possibilité, les simulations du type Monte Carlo peuvent être réalisées rapidement et à un coût limité. Pour cela, il suffit de représenter chacune des modalités possibles pour les divers éléments qui constituent le dispositif expérimental imaginé par un code introduit dans la mémoire de l'ordinateur. De même est représenté par un code chacun des événements qui sont censés pouvoir se produire dans ce dispositif. Un programme indique à l'ordinateur la séquence de déroulement de ces événements, ainsi que les modifications à apporter aux divers codes en fonction des événements virtuellement réalisés.

Prenons un exemple. Pour simuler la transmission génétique de parent à enfant, il suffit de

– désigner par deux codes, a et b, les deux gènes possédés par le géniteur en un certain locus,

– choisir un nombre entier de deux chiffres grâce à un procédé qui donne la même chance à chacun des nombres compris entre 00 et 99,

– décider que le gène a est transmis si ce nombre est inférieur ou égal à 49, le gène b s'il est supérieur ou égal à 50.

Pour simuler l'évolution de la fréquence d'un allèle dans une population, il suffit de représenter par le même code les gènes représentant cet allèle chez les N individus constituant cette population, et de réaliser N fois la simulation de la transmission.

De même, l'on peut reconstituer le cheminement d'un individu tout au long de sa vie en découpant celle-ci en périodes de courte durée, par exemple le mois, et en décidant, en fonction du résultat de tirages au sort, quels événements se produisent au cours de ces périodes : mariage, procréation, veuvage, décès... Ces événements sont considérés comme des aléas soumis à des lois de probabilité correspondant aux caractéristiques démographiques ou biologiques de la population étudiée. En rassemblant les résultats obtenus pour les N individus fictifs qui constituent une génération, puis leurs N successeurs, on décrit l'évolution du groupe aussi bien du point de vue de son effectif ou de sa structure par âge, que du point de vue de son patrimoine génétique.

Certes le nombre d'opérations à réaliser est considérable, lorsque l'on veut par exemple simuler la transformation d'une population de 500 personnes durant 20 générations et si, chaque mois, 10 événements élémentaires sont possibles, le nombre de décisions à prendre pour réaliser la simulation est de l'ordre de 30 millions. Mais les performances des calculateurs modernes sont telles que quelques minutes suffisent pour explorer une séquence d'événements qui, dans la réalité, se serait étalée sur plusieurs siècles. Grâce à cette rapidité, il est possible de recommencer un grand nombre de fois la même simulation ; les données initiales sont les mêmes, les lois de probabilité des divers aléas sont les mêmes, mais les résultats obtenus sont différents en raison de l'intervention du « hasard ». On peut ainsi mettre en évidence la dispersion des aboutissements possibles pour un processus donné.

Entre les expériences concrètes qui, seules, servaient autrefois de « juge de paix » pour départager les diverses théories, et les expériences de pensée qui ne pouvaient qu'évoquer les conséquences éventuelles des théories sans décider quelle est la plus représentative de la réalité, les ordinateurs ont permis d'insérer une troisième catégorie, les pseudo-expériences réalisées par simulation, qui permettent d'attribuer à chaque théorie un niveau de plausibilité.

Mais il ne s'agit pas seulement de décider si tel modèle théorique peut être conservé ou non. Ces simulations nous fournissent un apport plus précieux encore, en nous montrant à quel point l'intervention de processus aléatoires rend définitivement illusoire la recherche des mécanismes qui ont abouti à la réalité que nous observons aujourd'hui. Une série de simulations réalisées à propos d'un récent travail de doctorat met bien cette conclusion en évidence.

Simulation de l'évolution d'un fragment de chromosome [4]

Il s'agit d'étudier l'effet simultané de la dérive génétique (c'est-à-dire de la variation aléatoire des fréquences alléliques due à la limitation de l'effectif de la population) et de la pression des forces sélectives, sur un ensemble de 36 locus contigus. En raison de leur proximité sur un même chromosome, les gènes situés en ces locus sont transmis simultanément, sauf si un échange (un crossing-over) se produit entre les deux chromosomes homologues que possède un individu. Supposons que celui-ci ait reçu de son père les gènes a en un locus et b en l'autre, et de sa mère les gènes a' et b', il peut transmettre :

– si un crossing-over se produit, soit a et b', soit a' et b ;

– s'il n'y a pas de crossing-over, soit a et b, soit a' et b' (voir schéma n° 11).

Ces crossing-over sont d'autant plus rares que les locus considérés sont plus proches. La proximité « géographique » entre deux locus crée donc une liaison entre leurs évolutions, liaison qui interfère avec les conséquences de la dérive et de la sélection.

Les hypothèses de base de la simulation réalisée par M.-C Babron étaient les suivantes : 1) la probabilité qu'un crossing-over se produise entre deux locus contigus est de 0,3 % à chaque génération ; 2) l'effectif de la population est constant et égal à 100, 50 hommes et 50 femmes ; 3) les couples se constituent au hasard ; 4) il n'y a pas de mutation ; 5) chaque locus est occupé par seulement deux allèles ; 6) la pression de sélection s'exerce sur chaque locus selon le même schéma : la valeur sélective est de 1 chez les hétérozygotes et de 1-*s* chez les homozygotes ; 7) enfin, la valeur sélective globale d'un individu s'obtient en faisant le produit des valeurs sélectives correspondant aux 36 locus.

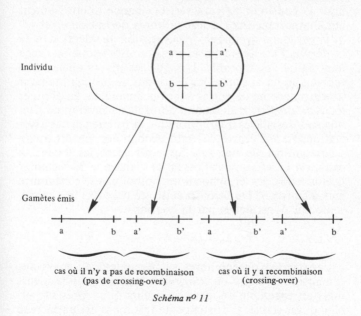

Schéma n° 11

Afin de mettre en évidence l'interaction entre ces locus au cours de l'évolution du patrimoine génétique du groupe, on a admis que pour deux d'entre eux, dits

« locus majeurs », occupant par exemple les positions symétriques 16 et 22, la pression de sélection est importante, ce qui se traduit par une valeur du paramètre s égale à 0,54 alors que pour les autres locus elle est relativement faible, $s = 0,07$.

La transmission génétique entre générations est simulée plusieurs fois dans des conditions rigoureusement identiques ; la seule différence de l'une à l'autre est que les nombres aléatoires générés par l'ordinateur correspondent à une autre séquence.

La principale leçon apportée par cette étude a été que, malgré l'identité des conditions initiales et des mécanismes supposés de transmission, les résultats des diverses simulations sont extrêmement dispersés. Il suffit pour le constater de caractériser chaque aboutissement par l'importance des « déséquilibres de liaison » provoqués par le jeu simultané de la pression de sélection et de la dérive. Derrière cette expression ésotérique se cache une réalité assez simple. Lorsque les divers allèles sont répartis au hasard entre les individus, la probabilité pour un chromosome de porter à la fois un allèle a au premier locus et un allèle b au second est égale au produit des fréquences des allèles a et b. Lorsque la fréquence des associations *(a,b)* s'écarte de cette probabilité, on dit qu'un « déséquilibre de liaison » apparaît entre les locus ; sa cause est en effet, pour l'essentiel, l'absence de recombinaison entre les chromosomes homologues, c'est-à-dire leur « liaison ». De façon précise, ce déséquilibre, représenté par Δ, est défini par la relation

$$\Delta_{ab} = f_{ab} - f_a \times f_b.$$

Lorsque ces déséquilibres se perpétuent au cours des générations, l'unité de transmission n'est plus le locus, mais un ensemble de locus adjacents qui représente un bloc quasi stable. L'existence de tels blocs est un facteur essentiel de l'évolution génétique de la population.

Les simulations réalisées ont montré la constitution progressive de ces blocs autour des deux locus dits « majeurs », ceux pour lesquels la pression de sélection est la plus intense. Ils entraînent alors avec eux tout un ensemble de locus adjacents.

Chaque simulation peut être caractérisée par l'étendue de ces blocs ; on constate une très grande variété de résultats. Parfois chaque locus majeur entraîne quelques locus voisins seulement et le processus se stabilise dans cette configuration. Parfois les deux blocs se rejoignent et constituent un seul ensemble soudé. Parfois les zones d'influence des deux locus majeurs sont corrélées, parfois elles sont indépendantes.

Soulignons-le, ces aboutissements résultent d'un même processus intervenant à partir de points de départ identiques. La seule source de variation dans les trajectoires évolutives est l'aléatoire qui gouverne chaque événement élémentaire, et cet aléatoire est irréductible puisqu'il s'agit du choix du gène transmis lors de la réalisation de chaque gamète.

Nous mesurons ici l'effet des bifurcations aléatoires ; chacune est décisive pour le déroulement ultérieur des événements, mais elle résulte de perturbations si infimes que celles-ci sont indécelables, ou sont si peu liées structurellement au mécanisme étudié qu'elles sont indéfinissables.

Dès lors qu'un même processus agissant sur un ensemble parfaitement défini, à partir de données initiales identiques, peut aboutir à des résultats aussi dispersés, quel espoir pouvons-nous garder, connaissant le résultat, de reconstituer le processus ? Il est clair, et chacun le reconnaît facilement, que l'introduction du hasard entraîne l'impossibilité de prévoir avec rigueur ce que sera demain. Il est tout aussi important de comprendre qu'elle empêche de reconstituer, à partir d'aujourd'hui, ce qu'était hier, et surtout qu'elle rend le plus souvent irréalisable la tentative de reconstitution des mécanismes qui ont abouti à l'état d'aujourd'hui.

Le voile ainsi placé par l'aléatoire devant notre connaissance du passé est pire que celui dressé devant notre prévision de l'avenir, car il empêche d'inférer de la séquence des événements au processus qui l'a générée. Bien des affirmations des sociobiologistes seraient à revoir à la lumière de cette constatation.

Les deux voies de la recherche

Cependant la difficulté la plus grande, lorsque nous tentons de remonter des effets aux causes, vient de la prise en compte de la propriété spécifique qui s'introduit nécessairement dans notre description du comportement des structures complexes : leur capacité d'auto-organisation. Nous y avons insisté au chapitre 5, cette propriété n'est pas présentée comme une réalité mystérieuse, qui apparaîtrait dans le fragment d'univers que constitue une structure matérielle dès qu'elle dépasse un certain seuil de complexité. Elle est introduite dans notre modèle explicatif du comportement de cette structure ; tout de même que le « hasard » ou les « processus aléatoires » sont introduits lorsque nous ne sommes pas en mesure de ramener la totalité des transformations observées à des déterminismes rigoureux.

Cette propriété apparaît non lorsque nous décrivons au niveau le plus élémentaire possible les événements successifs qui s'enchaînent en une séquence causale, mais lorsque nous décrivons le résultat global de l'ensemble de ces événements. Ces deux descriptions sont toutes deux significatives, même si elles sont souvent présentées comme les deux termes d'un conflit entre les « réductionnistes » et les « holistes ».

Un enfant reçoit un coup d'un de ses camarades ; il devient blanc de colère et réplique par une gifle. On peut expliquer que sa pâleur a été provoquée par la vaso-constriction de certains vaisseaux, elle-même due à la production de telle hormone par l'hypothalamus ; les muscles mis en mouvement pour donner la gifle se sont contractés parce qu'ils ont reçu un influx nerveux, lui-même envoyé par un nerf moteur qui avait reçu un ordre d'un centre de décision, lui-même situé dans telle région du cerveau... Chaque stade de cette séquence peut être analysé très finement, y compris au niveau moléculaire : la contraction musculaire, par exemple, est provoquée par l'arrivée sur la face de la synapse située sur le muscle de substances spécifiques, les neurotransmetteurs, qui ont traversé l'intervalle synaptique séparant cette surface de l'extrémité du nerf moteur. Dans cette démarche le résultat global, le « tout », est expliqué par les propriétés de ses constituants, de ses parties.

Cela est parfait, mais a-t-on décrit réellement la ou les causes de la gifle ?

L'autre voie consiste à situer l'enfant dans une société où, selon les conventions en vigueur, lorsque l'on reçoit tel coup, on le considère comme une plaisanterie et l'on en sourit, tel autre coup on le prend pour une injure et l'on réplique, car l'important est de ne pas perdre la face. Cette réplique peut prendre la forme d'une gifle, si l'on se sent en position de force, ou si l'on est courageux, ou si l'on est inconscient, ou si l'on aime la bataille... ; elle peut aussi prendre la forme d'une fuite. On peut, dans cette démarche, analyser ce geste en fonction de caractéristiques de plus en plus globales, celles de l'organisme de l'enfant, celles de sa personnalité, celles de la société dans laquelle il vit... Les propriétés d'un organe sont alors rattachées non à ses éléments, mais à l'ensemble dont il fait partie. Pour employer des mots savants, le « holisme » (du grec *holon*, entier) est substitué au « réductionnisme ».

Les deux cheminements ne sont évidemment pas exclusifs ; ils sont complémentaires, sans que l'on puisse répartir l'ensemble des « causes » d'un événement en deux parts, celle qui correspondrait à une explication réductionniste et celle qui correspondrait à une explication holistique. En fait, elles forment un ensemble indissociable : tout objet que nous observons a des propriétés qui dépendent à la fois des éléments qui le constituent et de l'ensemble organisé dont il fait partie.

R. Lewontin en fait la remarque sous une forme imagée [39, p. 357]. Un homme, assemblage d'organes, de cellules, de molécules, est incapable de voler dans les airs ; les lois auxquelles sont soumis les éléments qui le constituent s'y opposent. Et pourtant chacun de nous peut aller d'un continent à l'autre par avion ; ce pouvoir est lié au fait que nous appartenons à une société, et celle-ci a inventé et construit les avions ; elle a mis en place les structures (compagnies d'aviation, aéroports, satellites d'observation...) qui permettent à chacun d'entre nous de les utiliser : « Les individus acquièrent du fait de la société qu'ils produisent des propriétés individuelles qu'ils n'auraient pas à l'état isolé. Ce n'est pas seulement que les " touts " sont davantage) que la somme de leurs parties ; c'est que les parties deviennent qualitativement nouvelles du fait qu'elles sont des parties du " tout ". »

L'inévitable invasion du finalisme

Pour terminer, il faut constater que la présence d'un être humain dans une structure fait voler en éclats le paradigme qui fonde l'étude « scientifique » de celle-ci. Nous avons déjà insisté sur ce point : la règle du jeu de la science est d'y admettre que les événements d'aujourd'hui dépendent de l'état de l'univers aujourd'hui et hier, mais pas de l'état qu'il aura demain, car demain n'existe pas. Autrement dit, la causalité ne remonte pas la flèche du temps. La nature n'a pas de projet : elle tire les conséquences du passé, mais elle n'a pas en vue un objectif. Ne pas observer cette règle, c'est commettre le péché si souvent dénoncé de finalisme.

Or l'homme, ce pourrait être une de ses définitions, est pétri de projets ; il est obsédé par demain, hanté par l'inévitable catastrophe individuelle finale qu'apportera un après-demain plus ou moins lointain. Ses actes d'aujourd'hui sont orientés par le demain qu'il imagine ou qu'il souhaite.

Son moteur principal est le désir, or le désir est l'invasion d'aujourd'hui par demain, de maintenant par tout à l'heure. Dès que l'homme intervient, il est impossible de continuer à raisonner en refusant systématiquement le finalisme ; il nous faut admettre qu'un avenir qui ne se réalisera peut-être jamais, qui pourra rester virtuel, intervient à chaque instant dans les événements que nous essayons, après coup, d'expliquer.

Si François Ier part conquérir les contrées d'outre-mont, c'est moins pour venger les incursions des peuples d'en face sur ses terres que pour léguer à ses successeurs un royaume agrandi. Si Montaigne décide d'écrire les réflexions que lui inspire sa vie, c'est pour les communiquer à ceux qui le liront. Tous mettent aujourd'hui au service de demain, beaucoup plus qu'ils ne tirent aujourd'hui les conséquences d'hier.

Du coup, l'explication déterministe perd la plus grande part de son pouvoir. Un nouvel obstacle se dresse devant notre ambition de reconstituer les processus à l'œuvre, puisque ceux-ci prennent en compte, à côté de mécanismes bien réels, des pseudo-faits purement imaginaires. Il nous faut donc renoncer à satisfaire pleinement cette ambition : mais est-ce trop cher payer, alors qu'il s'agit d'ouvrir un espace à notre possible liberté ?

12. Discussion scientifique et querelle idéologique

Que des scientifiques soient en désaccord, c'est là chose non seulement naturelle mais nécessaire. Les disputes sont le moteur de la recherche. Les critiques qu'il reçoit amènent chaque chercheur à mieux préciser ses concepts, à mieux définir les mots qu'il emploie, à prendre conscience de ses propres présupposés, à nuancer ses affirmations. La condition, pour que ces conflits soient fertiles, est évidemment la bonne foi de chacun.

Il est utile de montrer à un auteur quelle interprétation abusive peut être donnée à telle ou telle de ses affirmations ; il est inadmissible de fausser ces affirmations, de les tronquer, de changer leur contexte, pour leur faire dire ce qu'évidemment elles ne disaient pas. Le conflit se dégrade en querelle personnelle, où l'objectif n'est plus de se rapprocher d'une certaine vérité, mais de l'emporter sur l'adversaire, à n'importe quel prix, même celui du mensonge.

Le danger d'une telle dégradation est d'autant plus grand que les enjeux de la dispute impliquent des problèmes de société. Il se trouve que la sociobiologie est directement en prise avec la difficulté centrale de nos sociétés occidentales : la justification des inégalités dans l'accès aux divers « biens » qui ne sont disponibles qu'en quantité limitée : bien-être, confort, loisirs, soins, éducation, pouvoir.

Les sociétés fondées sur l'exploitation d'une majorité par une minorité, sur la domination de quelques-uns et la soumission de la multitude, ne peuvent rester durablement stables que si les opprimés sont inconscients de leur

sort, ou l'acceptent, ou n'imaginent pas qu'un changement soit possible. Mais cette condition nécessaire n'est
pas suffisante : il faut aussi que les détenteurs du pouvoir
et des richesses ne se posent pas trop de questions sur le
bien-fondé de leurs privilèges.

Deux vers peuvent ronger le fruit : le désir de révolte
des exploités, le besoin de justification des exploiteurs.
Contre le premier, l'apologie de la soumission ou la pro-
messe d'une compensation outre-tombe peuvent être
durablement efficaces ; lorsqu'elles ne le sont plus, la
police et l'armée peuvent faire l'appoint. Contre le
second, la lutte est moins directe. « De quel droit ai-je
des privilèges refusés à d'autres ? » ; certes peu nombreux
sont les privilégiés qui formulent la question, mais il suffit de quelques-uns pour que tout commence à basculer.
La réponse longtemps donnée dans nos sociétés occidentales à ce questionnement a été : « de droit divin ». C'est
Dieu qui l'a voulu ainsi ; et toute remise en cause devient
un blasphème.

Mais cette réponse apparaît moins décisive aujour-
d'hui. Dieu, semble-t-il, s'intéresse à d'autres sujets. Il a
fallu, d'urgence, trouver une justification nouvelle : celle
qui est le plus souvent proposée en appelle à la science.

Tous ceux qui tiennent à maintenir une organisation
sociale où l'objectif d'ordre l'emporte sur l'objectif de
justice ont recours à l'argument suprême : la science,
affirment-ils, nous donne raison. Naturellement ce sont
les disciplines s'intéressant le plus directement à
l'Homme qui sont invoquées, au premier plan la biologie.

Depuis quelques années, toute une campagne a ainsi
été développée en France par une certaine presse dans le
but de « prouver » que la hiérarchie sociale est la conséquence nécessaire d'une hiérarchie naturelle : les
hommes sont conçus inégaux (ce qui est exact, jamais le
signe = ne peut être mis entre deux individus), *donc* les
uns sont supérieurs aux autres (ce qui est absurde, le
signe > ne peut avoir de sens qu'entre deux nombres, et
non entre deux ensembles). Que des forces conservatrices
favorables au maintien de l'ordre établi s'opposent aux

forces du changement, cela fait partie du jeu normal de la démocratie. Mais que dans ce jeu certains aient recours au mensonge systématique, cela n'est ni normal, ni acceptable.

En France, la controverse publique en ce domaine a été totalement faussée par un courant qui s'est présenté lui-même comme étant une « nouvelle droite ». Il s'agissait de montrer que la droite n'est pas seulement tournée vers le passé, mais représente la meilleure option pour l'avenir. Voilà une affirmation qui peut donner lieu à d'intéressants débats. Mais cette « nouvelle » droite a systématiquement axé son argumentation autour de thèmes fournis par la biologie, et notamment la sociobiologie. De multiples mises au point techniques, de nombreuses recherches théoriques ont été présentées de façon à justifier la structure hiérarchique de notre société.

Un exemple caractéristique de la technique employée par certains représentants de ce courant est fourni par la présentation de la banque du sperme des « prix Nobel ». Un homme d'affaires californien, Robert Graham, a eu l'initiative de fonder une banque de sperme alimentée par des hommes ayant reçu un prix Nobel (scientifique, il ne semble pas que les prix Nobel de la paix ou même de littérature aient été sollicités, leur « valeur génétique » est sans doute suspecte) ; l'objectif est de permettre l'insémination de jeunes femmes douées d'une intelligence exceptionnelle et d'assurer ainsi la naissance d'enfants encore plus intelligents. Notons que ce Graham est lui-même membre de la Mensa, club qui se présente comme très fermé, puisque ne peuvent y pénétrer que les personnes ayant un QI supérieur à 140, soit 4 sur 1 000, ce qui n'est, tout compte fait, pas si exceptionnel, puisque cela correspond à plus de 200 000 Français.

En fait, un seul lauréat du Nobel a annoncé qu'il était un des fournisseurs de ladite banque. Il fut l'un des inventeurs du principe du transistor, il a dépassé les soixante-quinze ans, il désire une nombreuse progéniture, la technique de la fécondation artificielle est sans doute pour lui le meilleur moyen de satisfaire cette ambition. Tout cela ne relèverait que de la rubrique des faits divers, si au passage un message tout différent, d'une tout autre portée, n'était transmis : il s'agit de présenter comme une évidence, comme une vérité allant de soi, que « l'intelligence est héréditaire », que les facultés intellectuelles sont le résultat d'un processus fatal qui a sa source dans les contenus de l'ovule et du spermato-zoïde. Au-delà de l'anecdote, c'est toute une vision déter-ministe de l'activité intellectuelle qui est en cause.

C'est pourquoi les réactions ont été vives lorsque, en mars 1980, l'initiative de R. Graham a été connue en Europe. Un quotidien, qui ne peut guère être soupçonné de sympathies gauchistes, a interrogé sur ce sujet plu-sieurs spécialistes (dont certains ne peuvent pas plus être suspectés des mêmes sympathies). Ils ont répondu, sans s'être consultés, avec des phrases presques identiques (*Le Figaro* du 4 mars 1980) :

– le Pr P. Royer, pédiatre à l'hôpital des Enfants-Malades, déclare : « Cette idée appartient peut-être à l'élaboration d'un certain imaginaire social, tout cela n'a vraiment aucune base scientifique. »

– Le Pr Jean Frézal, professeur de génétique médicale, trouve l'expérience « très regrettable ». « Il s'agit d'une idée ancienne et farfelue qui se rapporte à l'entélégénésie, procédé très inefficace pour l'homme, qui consiste à déterminer comment améliorer l'espèce en sélectionnant des êtres supérieurs. »

– Le Pr Jérôme Lejeune, animateur du mouvement « Laissez-les vivre », trouve tout cela d'une « grande sot-tise », « sans aucun intérêt scientifique », et « indigne d'alimenter la moindre polémique ».

– Le Pr Werner Arber, prix Nobel de médecine en 1978, a qualifié de « complètement ridicule » cette initia-tive : « Je n'ai aucune raison de penser que des lauréats de prix Nobel soient plus ou moins intelligents que qui-conque », dit-il.

Cette dernière remarque rejoint une réflexion faite publiquement par l'un des Nobel français : « Il ne faut guère connaître les Nobel pour avoir envie de les multi-plier. »

Nous l'avons vu, le concept d'« héritabilité de l'intel-ligence » est doublement délicat, puisque chacun de ces deux termes ne peut être utilisé dans une proposition ayant un minimum de rigueur sans de multiples précautions, tant leur signification est floue. Il n'est donc pas étonnant que les généticiens se récrient devant des applications concrètes de théories aussi contestables. Mais cette unanimité n'impressionne guère ceux qui veulent que la « science » soit de leur côté. Le même journaliste qui dans *Le Figaro Magazine* écrivait, quelques jours avant l'annonce de l'initiative de R. Graham : « Envers et contre tous, et malgré des brimades parfois violentes, les généticiens n'ont cessé d'affirmer que l'intelligence est héréditaire », écrivait dans le même hebdomadaire, quatre jours après les témoignages cités ci-dessus, un article intitulé « Bébés Nobel : une mauvaise querelle ». On peut y lire : « Ce qui déplaît c'est l'idée selon laquelle l'intelligence ou plutôt les différences individuelles d'intelligence sont héréditaires, ne serait-ce qu'en partie. Le fait qu'il ne se trouve pas un seul généticien sérieux pour considérer cette idée autrement que comme une certitude n'apparaît pas aux " environnementalistes " comme un élément déterminant [1]. »

Tous les généticiens « sérieux » seraient donc d'accord avec la proposition d'une insémination par le sperme des prix Nobel. Cette affirmation apparaît le 8 mars 1980, dans *Le Figaro Magazine,* alors que le 4 mars tous les généticiens interrogés par *Le Figaro* avaient exprimé leur réprobation. Faut-il admettre qu'ils n'étaient pas « sérieux » ?

De toute évidence il s'agit là d'une affirmation que l'auteur sait être contraire à la vérité (ou il faudrait admettre qu'il ne lit pas le journal même dans lequel il publie). Mais il est contraint à cette attitude : c'est en se référant systématiquement à la science, et précisément à la génétique, qu'il a voulu défendre la thèse d'une hiérarchie naturelle entre les individus ou entre les groupes ; pour ne pas laisser s'effondrer tout l'édifice il faut donc affirmer que tous les « généticiens sérieux » sont d'accord, alors même que la vérité est à l'opposé.

---

1. *Le Figaro Magazine,* 8 mars 1980.

De tels agissements ne mériteraient que mépris s'ils ne parvenaient à convaincre de nombreux lecteurs, impressionnés par la répétition des mêmes slogans présentés comme des découvertes scientifiques. L'objectif est toujours le même, justifier une doctrine politique par des données présentées comme fournies par la science, et, singulièrement, par la génétique : si les comportements des hommes sont génétiquement déterminés, ils correspondent à la « nature humaine », toute tentative de réforme est alors perverse et vouée à l'échec. La hiérarchie entre individus, le droit de propriété, la domination des hommes sur les femmes, l'hostilité à l'égard des étrangers sont des éléments « naturels », donc fatals.

Il est significatif que de telles élucubrations aient été reniées par les fondateurs de la sociobiologie ; E. Wilson lui-même s'est élevé contre l'usage fait de ses ouvrages par ces mouvements politiques. Il en impute d'ailleurs la responsabilité première à ses contradicteurs américains de « Science for the People » à qui il reproche d'avoir caricaturé ses théories et de les avoir combattues au nom d'une idéologie opposée. Selon lui, ces attaques non fondées ont

> malheureusement attiré l'attention de l'extrême droite, y compris le Front national anglais et la nouvelle droite française. Ces groupes, qui sont favorables à diverses nuances de gouvernement autoritaire et de pratique raciste, ont salué avec enthousiasme l'argumentation de « La science pour le peuple » et les objections que celle-ci a soulevées. Les groupes de droite en question ont aussitôt proclamé que, si les critiques de « La science pour le peuple » étaient non fondées, ses idées politiques devaient l'être également. Ils ont aussitôt adhéré à la sociobiologie, non pas à la science réelle, mais à la caricature qu'en avait faite « La science pour le peuple » et qu'on pouvait aussi tirer des écrits de quelques auteurs à sensation [40, p. 58].

La polémique a, pour une courte durée, été relancée en

France en 1984 lors de la parution d'une traduction de l'ouvrage de C. Lumsden et E. Wilson, *Le Feu de Prométhée*. L'objectif de ce livre est de proposer un modèle expliquant l'émergence de l'esprit humain. Rien de moins. Pour cela, ces auteurs utilisent un concept présenté comme nouveau, celui de la « coévolution gène-culture ». Une fois débarrassé d'un certain habillage, il est clair que ce mécanisme est tout simplement celui de la sélection naturelle, ce qui nous ramène au modèle darwinien classique. Tout le raisonnement repose sur l'idée que les gènes responsables de comportements efficaces se répandent au fil des générations, tandis que les autres peu à peu disparaissent. Ainsi est-il affirmé que les « gènes qui prescrivent le refus de l'inceste » se sont multipliés car ils évitent un comportement biologiquement néfaste.

Mais une telle présentation de l'évolution suppose résolu le problème essentiel : comprendre comment des gènes, ces structures chimiques, peuvent « prescrire » une attitude aussi complexe que le choix du partenaire sexuel selon les liens de parenté. En dernière analyse, les mécanismes proposés par Lumsden et Wilson supposent que les géniteurs transmettent leurs caractéristiques à leur progéniture ; nous savons pourtant, depuis Mendel, qu'ils transmettent la moitié des facteurs, les gènes, qui en eux gouvernent ces caractéristiques. Ce qui représente un processus totalement différent. Tous les raisonnements fondés sur la transmission directe des caractères se trouvent caducs.

Il s'agit donc d'une théorie prémendélienne à propos de laquelle la discussion scientifique sera sans doute vite close. Elle ne constitue pas réellement un modèle explicatif, mais n'est qu'une tautologie annonçant que le « meilleur » l'emporte ; à condition de définir le « meilleur » comme ce qui est capable de l'emporter. Selon une remarque de l'astronome Hubert Reeves, cette théorie est simplement « une preuve du fait qu'à vouloir tout expliquer, on n'explique rien ».

Ignorant les passages de ce livre où Wilson les désavoue, les tenants de la « nouvelle droite » ont utilisé cet

ouvrage pour annoncer triomphalement que la sociologie
leur donne raison.

Ils ne s'embarrassent pas de nuances, invoquent la
« science » à chaque paragraphe et assènent leurs affirmations sous forme de slogans : « la biologie confirme les
lois de la morale », et même « le problème de la science,
c'est l'âme [1] ».

L'utilisation de ce dernier mot, si lourd de sens pour
tout lecteur, est révélatrice de la manipulation dont
celui-ci est victime. Selon le plumitif du *Figaro Magazine,* qui utilise ces slogans comme titres, l'« âme » serait
l'objet du livre de Lumsden et Wilson ; or ce mot n'y est
utilisé que deux fois, dont l'une pour affirmer que, justement, les modèles proposés ne concernent pas l'« âme ».
Plus étrange encore, on apprend dans le même article
que le traité de J.-P. Changeux, *L'Homme neuronal* [10],
« commence par un chapitre sur la notion d'âme » ; il
aurait été plus conforme à la vérité de préciser que l'objectif de ce chapitre est, tout au contraire, de reléguer
hors du champ de la recherche scientifique, selon l'expression de J.-P. Changeux, « les cogitations des spiritua-
listes ». On ne saurait plus totalement falsifier les inten-
tions d'un auteur.

Ceux qui se rendent coupables de tels travestissements
peuvent-ils être de bonne foi ? L'objectif de la démarche
scientifique est de nous rendre plus lucides sur l'univers
et sur nous-mêmes. Comment ne pas être indigné lorsque
la science est faussement et systématiquement invoquée
par ceux qui n'ont pour objectif que la défense d'une
idéologie ? Il est regrettable que cette indignation, ressentie par tant de scientifiques devant l'utilisation pervertie
de leurs travaux, ne soit pas plus largement exprimée.

Cette prise de conscience par les scientifiques de la
nécessité de s'exprimer haut et clair lorsque leurs disciplines sont impliquées est devenue urgente, car, relayée
par la technique, la science a bouleversé les conditions de
la vie sur la Terre. Elle vient même de donner aux
hommes le moyen de supprimer toute vie. Il ne s'agit

1. Voir le « Cahier-science » publié par *Le Figaro Magazine* du
11 février 1984.

plus seulement de structures sociales, d'options politiques, de choix idéologiques, mais de l'existence même
d'un avenir pour les vivants.

Cet avenir peut désormais être anéanti de nos propres
mains. Nous avons en notre pouvoir de décider que
demain n'existera pas pour les hommes ; il ne sera qu'un
vide semblable à celui qui nous a précédé. Nous avons en
notre pouvoir notre anéantissement brutal, en laissant la
sombre fascination de la mort l'emporter sur la joie lumi-
neuse de la vie. La lutte contre la tentation de l'anéantissement définitif est aujourd'hui la plus importante de
toutes. Encore faut-il être bien convaincu de l'enjeu :
notre espèce, qu'a-t-elle donc qui permette de justifier
tous les efforts en vue d'assurer sa survie ?

13. L'humanitude

« Monsieur, qu'est-ce qui vous fait vivre ? » La question m'a été posée par un garçon d'une douzaine d'années, à la fin d'une rencontre avec les élèves d'une classe de CM 2, dans la ZEP d'une ZUP (c'est ainsi que maintenant s'écrit et se prononce notre langue ; il s'agit de la « zone éducative prioritaire » d'une « zone à urbaniser en priorité »). Sans doute ce garçon entend-il chaque jour son entourage évoquer cette « chienne de vie » qu'il faut supporter, l'avenir bouché pour tous, l'obsession du chômage, la crainte d'une guerre qui anéantira tout, la vanité de tous les espoirs, l'inutilité de tous les efforts. Et pourtant cet homme, pour lui si lointain, venu parler à sa classe de son métier de généticien, semblait trouver si merveilleux le cadeau de la vie, si prodigieuse l'aventure ouverte devant chaque homme. « Monsieur, pourquoi ? »

Ce ne sont pas là des questions dont on peut se débarrasser d'un mot, d'une phrase. Il faut être sérieux lorsque le Petit Prince vous dit : « S'il te plaît, dessine-moi... »

De la nature à l'humanitude

Ma réponse a été que la vie de chacun participe à un grand dessein collectif, la construction de l'humanitude.

Léopold Senghor a exalté la « négritude », cet apport des cultures élaborées par les hommes à peau noire, dont tous les hommes bénéficient. L'*humanitude,* c'est l'apport de tous les hommes, d'autrefois ou d'aujourd'hui, à chaque homme. Ce n'est pas là poser sur l'homme un regard mystique ; c'est tout au contraire accepter l'aboutissement d'une analyse aussi réaliste que possible de l'aventure qui a produit l'homme. Cette aventure a commencé il y a quelque dix ou quinze milliards d'années avec le Big Bang initial faisant apparaître l'ensemble des constituants de notre univers matériel. Au départ cet univers est relativement homogène, monotone. Mais peu à peu la loi centrale de son évolution produit ses effets. Lorsqu'une structure est, par chance, dotée d'une certaine complexité, elle est prête pour une éventuelle complexification : la complexité nourrit la complexification.

Dans notre petit coin d'univers, sur la planète Terre, cette loi s'est manifestée par l'histoire, longue maintenant de trois milliards et demi d'années, des structures dites « vivantes ». Le pouvoir de reproduction a permis d'accumuler les novations, de préserver les pouvoirs nouveaux apportés par l'aléatoire des mutations. L'apparition du mode de transmission par moitié du patrimoine de chacun a introduit une loterie dans le processus et permis la production, en routine, d'êtres toujours nouveaux. L'évolution du vivant peut être présentée comme une course à la complexité gagnée d'abord par les mammifères, puis parmi eux par les primates, enfin par *Homo sapiens*. Cette victoire résulte de la fabuleuse richesse de son système nerveux central : les quelque 10^{10} ou 10^{11} neurones qui composent ce système sont liés entre eux par 10^{15} connexions, les synapses, et les performances de l'ensemble dépendent de la structure des réseaux peu à peu mis en place par la spécification du fonctionnement de ces synapses [10].

Des seuils quantitatifs sont, chez l'homme, dépassés. Ce dépassement a entraîné des mutations qualitatives. L'autostructuration liée à la complexité atteint un niveau tel que l'on peut définir chaque homme comme un être ayant reçu un don qui rend dérisoires tous les autres : la capacité de se faire des dons à lui-même. Grâce à cette richesse, l'interaction entre les hommes peut se développer. Chacun profite des informations ou des découvertes des autres ; les réseaux intérieurs qui se créent en lui sont complétés par les réseaux collectifs dont il fait partie. Un homme ne peut être défini seulement par les éléments qui le constituent, cellules ou organes, ni par les métabolismes dont ils sont le siège ; pour expliquer ses caractéristiques les plus essentielles, il faut tenir compte aussi des groupes sociaux, linguistiques, culturels dont il fait partie.

Collectivement, les hommes ont utilisé le cadeau que la nature fait à chaque individu pour s'attribuer de nouveaux pouvoirs. Par le langage, par l'écriture, par les mille canaux de la communication, c'est-à-dire de la mise en commun, ils ont peu à peu créé, et continuent à créer, un ensemble d'entités qui n'ont d'existence que par eux.

Ils ont interrogé le monde qui les entoure, et surtout ils se sont interrogés à son propos ; ils l'ont reconstruit au moyen de concepts qu'ils ont imaginés, force, masse, spin..., qui n'ont de sens que pour eux. Ils ont inventé des notions qui n'ont de valeur que pour eux, ainsi le bonheur ou la beauté. Un lever de soleil sur une montagne n'est qu'un ensemble de photons d'énergies variées provoquant des sensations colorées ; il n'est beau que si un homme le regarde. Ils se sont donné des objectifs, ont défini des exigences qui n'ont de signification que pour eux, ainsi la dignité, ou la liberté. Les événements que nous constatons autour de nous, qu'ils soient le résultat des cheminements rigoureux du déterminisme ou des loteries de l'aléatoire, qu'ils soient fatals ou imprévisibles, sont un résultat passif ; l'homme est, lui, capable, selon qu'il le décide ou l'accepte, d'être libre ou asservi.

Cet apport humain à l'univers, cette richesse qui n'existerait pas sans les hommes, et dont ils se gratifient les uns les autres, c'est cela l'*humanitude*. La nature, par hasard ou par nécessité, peu importent les parts de ces deux ingrédients, a fabriqué sans préméditation, sans projet, l'humanité. Les hommes, capables de préméditation, pétris de projets, ont mis peu à peu en place tout un ensemble d'espoirs, d'angoisses, de compréhensions, de questions, qui n'existait pas dans l'apport de la nature, qui n'est pas inclus dans l'humanité, qui constitue l'apport propre de l'homme, l'*humanitude.*

Science et culture

Classiquement, cette richesse sécrétée par chaque groupe d'hommes est présentée sous deux titres : la science et la culture. Ce qui pose problème ici, c'est la conjonction *et.* Ce petit mot de deux lettres, source de tant d'ambiguïtés, représente-t-il une association ou une dissociation, une inclusion ou une exclusion ?

En fait, il n'est guère justifié de disjoindre ainsi les divers cheminements qui nous permettent de nous construire nous-mêmes. Cette construction nous amène à mettre au point des explications provisoires face aux questions que nous nous posons à propos de l'univers qui nous entoure et dont nous sommes un élément, c'est-à-dire à faire progresser ce que nous appelons la science.

Nos sens nous apportent de multiples informations, mais elles sont partielles, souvent incohérentes, ininterprétables en un premier temps. Où va le soleil pendant la nuit ? Chaque culture répond, car il faut une réponse : selon les uns, il meurt et un autre soleil renaît le lendemain ; selon d'autres, il s'enfonce dans la terre et va réchauffer les sources (qui sont, comme chacun peut, paraît-il, le constater, plus chaudes le matin que le soir) [3] ; pour d'autres encore, il va se cacher derrière la voûte opaque du ciel sur laquelle se déplacent les étoiles... L'effort scientifique consiste à imaginer une réponse capable de convaincre *tous* ceux qui acceptent un certain nombre de règles de raisonnement et de techniques de vérification. Cet effort permet une reconstruction de l'univers, non avec des objets, mais avec des concepts. L'homme invente des caractéristiques plus ou moins étranges, masse, force, vitesse, charges électriques... et constate d'étonnantes constances. Il édifie ainsi un modèle de l'univers, et ce modèle est parfois en contradiction avec les informations fournies par nos sens et modifie la façon même dont nous posons nos questions. En faisant du soleil une étoile immobile, en première approximation, dans l'espace, nous éliminons la question : que devient-il durant la nuit ? Mais surtout nous constatons que ce modèle, si imparfait qu'il soit, provisoire, partiel, nous permet d'agir avec efficacité, de modifier la réalité, de ne plus être soumis, mais de soumettre.

Cette reconstruction abstraite de l'univers, nous savons maintenant qu'elle sera sans fin. C'est là peut-être le plus beau cadeau de la science de notre siècle : les physiciens nous ont montré que jamais ne peut être épuisée la richesse d'une parcelle, même infime, du monde matériel ; les logiciens nous ont démontré que l'outil intellectuel utilisé pour cette représentation du réel, la logique, ne serait jamais achevé. Du coup, la science, que l'on pouvait imaginer apportant un jour une réponse à toute question, refermant ainsi le monde sur l'homme, se révèle une source inépuisable de questions nouvelles. Elle participera donc sans fin à l'enrichissement de l'humanitude.

Dans cette perspective, la dualité science-culture est aussi arbitraire que la dualité onde-particule des physiciens ; ceux-ci savent bien maintenant que l'objet qu'ils étudient n'est ni onde ni particule, mais que chacun de ces aspects peut être privilégié selon l'expérience que l'on réalise ou selon le discours que l'on tient. De même, l'« objet » qu'est l'humanitude, ou plutôt l'« objet » qu'est la construction sans limites de l'humanitude, peut être présenté comme la « science » lorsque l'on évoque les questions inlassablement posées à l'univers et les quelques réponses que l'homme a obtenues de lui, comme la « culture » lorsque l'on évoque les explications globales et les règles de vie que l'homme se donne à lui-même. Les concepts essentiels sont à la fois scientifiques et culturels.

Être un homme, c'est partager provisoirement cette richesse peu à peu accumulée ; c'est aussi y apporter sa propre contribution. Pour y parvenir, il est, bien sûr,

nécessaire d'avoir reçu lors de notre conception le patrimoine génétique qui nous fait appartenir à l'espèce
Homo sapiens. Mais cette condition n'est pas suffisante.
Les outils fournis par la nature restent sans intérêt tant
que d'autres hommes ne nous apprennent pas à les utiliser. Des hommes sont nécessaires pour, d'un petit
d'homme, faire un homme, pour l'« éduquer ».

« Educare » ou « educere »

Mais que signifie « éduquer » ? La réponse du dictionnaire, *Larousse* ou *Robert*, est révélatrice : ce verbe vien-
drait du latin *educo, educare*. Et, en effet, le dictionnaire
latin-français consulté nous apprend que *educo, -are*
signifie « nourrir, instruire ». Mais surtout, il nous révèle
un autre verbe dont la première personne du présent est
identique, *educo,* mais dont l'infinitif est *educere* ; il ne
s'agit plus de nourrir, mais de *e-ducere,* c'est-à-dire
« conduire hors de », et, en particulier, conduire hors de
soi-même. Ce qui a permis à Catulle d'utiliser *educere*
dans le sens de « faire éclore » et à Virgile dans le sens
d'« élever un enfant ».

L'objectif premier de l'éducation est évidemment de
révéler à un petit d'homme sa qualité d'homme, de lui
apprendre à participer à la construction de l'humanitude
et, pour cela, de l'inciter à devenir son propre créateur, à
sortir de lui-même pour devenir un sujet qui choisit son
devenir, et non un objet qui subit sa fabrication.

Éduquer, c'est donc de toute évidence, et contrairement à ce qu'enseignent le *Larousse* et le *Robert*, « e-
ducere ». Certes la nourriture, l'instruction sont nécessaires, mais elles ne sont que des moyens permettant
d'atteindre un objectif autrement plus exaltant que la
simple transmission d'un savoir ou d'une coutume. *Educare* est au service d'*educere ;* les pourvoyeurs de nourriture, de formules, de techniques sont au service de ceux

qui éveillent l'appétit, qui créent des besoins, qui suscitent des interrogations.

Une telle optique aboutit à modifier profondément l'esprit dans lequel ce que l'on appelle la science est enseigné. Trop souvent, on se contente de viser un objectif d'efficacité. Il faut que l'élève puisse utiliser telle formule pour jouer son rôle dans la société. Ingénieur, il faut que le pont qu'il construira soit solide ; on doit donc lui apprendre à utiliser les recettes de fabrication qui ont fait leurs preuves. De proche en proche, on est ainsi amené, selon le constat de Gaston Bachelard, à mettre l'école au service de la société. L'éducation n'a plus pour fonction que de transmettre des façons de vivre ou d'agir ; elle fabrique des techniciens efficaces. Sa finalité est, au contraire, de fabriquer des hommes lucides, ce qui nécessite, selon le souhait de Bachelard, une « Société faite pour l'École et non une École faite pour la Société » [5, p. 252].

Un enseignement qui réduit l'état de la science à une série de formules utiles, ou l'état de la philosophie à une énumération de théories, passe à côté de l'essentiel : la participation à l'effort humain pour comprendre et pour se construire. Il ne suffit pas, selon la formule consacrée, de « faire ses humanités », comme un cadeau que l'on reçoit ; il faut aussi « entrer en humanitude », comme un engagement que l'on prend, engagement dans le jeu collectif où les hommes se font les uns les autres.

Dans ce jeu, tout n'est pas gain et satisfaction, le prix à payer pour tant de sujets d'orgueil peut parfois sembler bien lourd, exorbitant. La prise de conscience de ce prix fait aussi partie de l'« éducation ». Certes, le propre de l'homme est de refuser de se soumettre. Ce qui, pour l'animal, est une fatalité, n'est pour lui qu'un obstacle, et il s'efforce de le surmonter. Les ennemis, les concurrents que lui présente la nature, il parvient parfois à en faire des alliés. Ainsi le feu ; au départ il nous a terrorisés, mais nous avons su l'apprivoiser, le transformer en un outil, en une protection. Notre ennemi le plus cruel est la maladie, nous pouvons nous enorgueillir de récentes et splendides victoires contre lui. Mais la fatalité la plus implacable est la mort, et nous ne pouvons qu'espérer lui voler son inéluctable victoire.

Voler sa victoire à la mort

De toutes nos forces, par des incantations ou par des gestes, nous essayons de supprimer la souffrance, d'éloigner l'aboutissement inacceptable. De toute notre imagination nous cherchons les moyens de nier la disparition finale.

Pourtant, cette disparition est nécessaire ; elle est la contrepartie de la capacité à procréer. La bactérie capable de se reproduire, de fabriquer sans fin des copies d'elle-même, est potentiellement immortelle ; mais au prix d'une absence d'individualité : les deux cellules filles sont génétiquement identiques, indiscernables, chacune « est » la cellule mère. Les êtres qui disposent du pouvoir inouï de faire *un* à partir de *deux*, de donner existence à de l'imprévisible, de créer, ont le privilège d'être uniques ; mais au prix de l'obligation d'un jour disparaître. Le procréateur doit faire place au procréé. Tous les êtres dits « sexués » partagent ce pouvoir, et paient ce prix ; mais l'homme, seul, en est conscient. La mort, qui emplit sa vision lorsqu'il regarde vers l'avenir, pénètre chaque parcelle de sa vie. Pour lui, le présent ne peut exister ; il n'est, il ne peut être, que souvenir du passé ou évocation de l'avenir. Le passé est ce qu'il est, source de nostalgie et de regrets ; l'avenir se délite, s'écroule, se précipite sur nous ; au-delà de péripéties variables, il est, à l'horizon, le même pour tous, l'anéantissement biologique. Jamais n'est exaucée par la nature la supplique de la comtesse, celle aussi du manant : « un instant encore, monsieur le Bourreau ».

Ce que n'accorde pas la nature, ce bourreau, l'homme se le donne à lui-même. Car sa « nature » est justement de n'être pas seulement le produit de la nature. Quelle plus belle réussite humaine que d'obtenir une victoire dans la lutte contre la fatalité, là où elle est la plus sournoise, le corps même des hommes, et chez ceux qui sont les plus fragiles, les enfants et les vieillards ?

Pour les enfants, nous pouvons pavoiser en cette fin du XXᵉ siècle ; après tant de millénaires de désolation, tant de mères effondrées devant un petit cadavre, notre ténacité est enfin récompensée. Cc que la nature rate, le plus souvent nous sommes capables de le réparer ; ce que la nature attaque et cherche à détruire, nous le protégeons et le préservons. Peut-il y avoir plus belle victoire ? Les chiffres sont secs, mais, si l'on veut bien regarder en face la réalité qu'ils recouvrent, ils donnent la mesure du changement apporté par les progrès médicaux. Il y a trois siècles, un enfant sur deux atteignait l'âge adulte ; c'est le cas maintenant, dans nos pays, de 97 enfants sur 100. Dans un bourg de 6 000 habitants, chaque semaine avaient lieu les obsèques d'un bébé ; cela ne se produit plus que deux fois par an.

A vrai dire, ce changement ne résulte pas seulement du recul de la mortalité infantile ; le nombre de naissances a dû, lui aussi, nécessairement diminuer pour préserver l'équilibre global. Nous ne pouvons gagner sur tous les tableaux : devenus assez efficaces pour empêcher les enfants de mourir, il nous a fallu diriger notre pouvoir dans une autre direction et devenir capables de les empêcher de naître ou, mieux, d'être conçus. De proche en proche, c'est tout le processus de la « fabrication » des hommes que nous sommes parvenus à maîtriser. La rencontre du spermatozoïde et de l'ovule qui, depuis des millions d'années, avait lieu sans témoin est réalisée, à la demande, sous l'œil du biologiste.

Malgré les apparences, malgré la disproportion des techniques mises en œuvre, c'est bien la même démarche que poursuivent les biologistes en blouse blanche, entourés d'énormes et coûteux appareils, et la maman pygmée soignant son bébé selon les traditions de sa tribu. Il s'agit de la seule bataille qui mérite tous les héroïsmes, la bataille contre la mort des enfants. Les médecins, les chercheurs, les biologistes ont conscience de jouer un rôle essentiel, en cohérence avec celui de toute l'humanité ; chacun à sa place, ils participent à un combat qui est celui de tous. Ce combat primordial, commencé dès l'aube de l'humanité par les soins prodigués aux bébés avec attention, puis avec amour, puis avec science, s'achève par une victoire quasi complète.

Les choses sont moins simples lorsque l'objectif n'est plus de préserver une vie qui vient d'apparaître, mais de prolonger une vie qui s'est développée depuis déjà long-temps. Le terme approche ; comment le reculer ? Et, sur-tout, quelles limites convient-il de ne pas dépasser dans notre acharnement à repousser l'échéance finale ?

Il n'est pas inutile ici de réfléchir tout d'abord au concept même d'« âge ». Je suis né, c'est un fait ; je mourrai, c'est une certitude, mais ce n'est pas encore un fait. Entre ces deux événements – l'un réel, bien situé dans le temps, l'autre virtuel, de date imprévisible – je vieillis. Mon âge est la mesure de l'épuisement progressif de la durée qui les sépare ; cette durée est une « variable aléatoire », c'est-à-dire, selon la terminologie des mathé-maticiens, une variable dont la valeur ne peut être connue avec certitude, dont on peut donc admettre qu'elle dépend du « hasard ». En toute logique, mon âge devrait lui aussi être considéré comme une variable aléa-toire, puisqu'il correspond au rapport entre la durée déjà écoulée et la durée totale de ma vie.

Pour des raisons pratiques évidentes, mais aussi par paresse intellectuelle, l'habitude a été prise de n'indiquer que la durée déjà écoulée ; c'est là une information bien pauvre lorsqu'il s'agit d'évoquer l'inexorable développe-ment des processus qui conditionnent notre épanouisse-ment, puis notre sénescence. Une information beaucoup plus pertinente serait fournie par la loi de probabilité de la durée encore à vivre (c'est-à-dire par l'ensemble des probabilités pour que cette durée soit égale à 1, 2, 3, x... unités de temps, ensemble dont un des résumés est la moyenne pondérée, la célèbre « espérance de vie »). C'est la transformation, année après année, de cette « loi », de cet ensemble de probabilités, qui correspond réellement au vieillissement. Remarquons que, d'une année à la sui-vante, l'espérance de vie peut fort bien augmenter, si par exemple un seuil dangereux a été franchi, la mort s'est éloignée, et pourtant l'âge classique donne l'illusion d'un vieillissement. Cela se produisait autrefois au tout début de la vie tant le taux de mortalité à cet âge était élevé ; cela pourrait bien se produire à l'adolescence si les risques de mort par accidents continuent à s'accroître. L'effort de la médecine a pour objectif de constamment obtenir l'éloignement de la fin, mais, contrairement à ce qui se passe pour les enfants, c'est une succession de batailles que l'on peut gagner les unes après les autres, tout en sachant que la guerre, elle, est perdue. D'autant que chaque bataille est coûteuse pour celui qui en est l'enjeu, coûteuse en souffrance, en perte de vitalité, en diminution de lucidité.

Le rôle du médecin face au vieillard est ainsi d'une tout autre nature que son rôle face à l'enfant, au bébé. Il ne s'agit plus de préserver, coûte que coûte, un souffle de vie en apparence si fragile ; il s'agit de trouver le meilleur compromis entre la durée à prolonger, la lucidité à maintenir et la souffrance à limiter. Ce n'est plus une lutte à mort contre la mort, mais, l'aboutissement étant accepté, une lutte pour donner le plus de valeur humaine possible à la durée qui sépare de l'échéance ; objectif flou, indéfinissable, subjectif.

La différence fondamentale entre ces deux attitudes, il me semble l'avoir ressentie très concrètement au cours des délibérations d'une instance chargée de réfléchir à ces problèmes. Les juristes, les médecins, les hommes politiques, les biologistes présents avaient eu à préciser tout d'abord leur position face aux problèmes posés par les interventions sur le fœtus ; chacun s'était exprimé avec compétence, avec clarté, en pleine conscience de l'importance de son engagement. Puis est venu le problème de l'euthanasie. La nature de l'émotion, de l'angoisse même, je crois, qui saisissait chacun était tout autre. Peut-être parce que nous étions tous plus personnellement concernés, parce que la question évoquait des événements qui, pour chacun de nous, ne sont plus si lointains que nous puissions ignorer leur présence à l'horizon. Mais, surtout, parce que tout ce qui peut être dit à ce propos est révélateur de la part la plus personnelle de nous-mêmes, celle que nous avons longuement édifiée au cœur de nous-mêmes, tout au long de notre vie. Et cette édification a constamment été conditionnée, orientée par le savoir, d'abord diffus, puis de plus en plus présent, aveuglant, que l'aventure aurait un terme.

Dès qu'il fut monté sur le trône, le premier empereur chinois, Qin Shi Huang, commença la construction de son mausolée ; d'après les vieux textes, 70 000 travailleurs furent mobilisés. Plus de 6 000 statues représentant grandeur nature ses soldats, ses officiers, ses généraux, ses chevaux furent réalisées en terre cuite et disposées en ordre de bataille dans des grottes artificielles recouvertes de deux mètres de terre. Pour l'éternité, il allait reposer au milieu de son armée ; il réalisait le rêve de tant d'hommes, prolonger sa vie au-delà de la mort.

Dès qu'il était couronné, chaque pharaon entamait la construction de la pyramide qui éterniserait son règne. D'innombrables artistes, artisans, ouvriers y consacraient toute leur activité. L'objectif essentiel des vivants était une tentative désespérée d'organiser l'après-vie de l'un d'eux.

Nous ne construisons plus de pyramides, nous n'affectons plus des armées de travailleurs à d'imposants mausolées. Mais nous sommes toujours confrontés à la même interrogation : comment regarder en face cette brutale rupture qui d'une personne fait un amas de cellules en décomposition ? Pour y répondre, tous les moyens sont essayés ; n'est-elle pas aussi dérisoire que les inutiles efforts des pharaons, cette pirouette intellectuelle d'un philosophe affirmant : « Nous n'avons pas à avoir peur du néant, nous en venons, et nous n'en avons pas mauvais souvenir » ? La formule peut paraître séduisante, mais elle ne résout rien : comment admettre que le néant individuel dans lequel nous plongeons est identique à celui dont nous sommes issus ?

Une autre attitude est peut-être plus efficace, mais elle exige un effort d'imagination ; certes, l'idée de la mort est insupportable, mais l'idée de l'éternité ne le serait-elle pas plus encore ? La condamnation à une vie biologique dépourvue de fin ne serait-elle pas plus terrible que la condamnation à une fin que nous trouvons trop proche ? Le bonheur d'être en vie pourrait-il être ressenti avec intensité, sans la présence obsédante de la certitude que sa durée est limitée ?

Notre réponse à l'angoisse de la mort ne peut plus être le leurre d'un refuge dans la construction d'édifices supposés éternels. Ne pourrait-elle être la conscience de notre pouvoir d'utiliser la durée de notre vie à la réalisation individuelle d'une personne définitivement unique, irremplaçable, et à la construction collective d'un groupe humain apportant des réponses nouvelles aux angoisses de tous les hommes ? Les instants de la fin ne sont pas nécessairement les moins décisifs dans cette réalisation. Le rôle du système médical est de permettre à ces instants souvent douloureux, hachés d'inconscience, d'être malgré tout incorporés au cheminement de l'individu. (Comment ne pas évoquer ici « la mort du père » décrite sans concession par Roger Martin du Gard, dans *Les Thibault* ?)

Dans cette optique, le « vol de leur mort », souvent dénoncé, dont sont victimes tant de patients âgés pris en charge par la machine médicale, est réellement le vol d'une partie de leur vie, et une partie peut-être cruciale, celle qui pourrait donner cohérence, ou incohérence, à l'ensemble.

Plutôt que de voler leur mort à ceux dont le terme approche, ne pourrait-on s'efforcer de voler à la mort sa victoire, en faisant de notre dernier instant celui qui signe notre apport à l'humanitude ? L'artiste parfois bénéficie de ce privilège.

Qu'il termine, quelques mois avant son suicide, son dernier autoportrait ou qu'il peigne, la veille même, le champ de blé aux corbeaux, Van Gogh ne parle que de lui, de son combat pour la lucidité, de sa lutte sans espoir contre le temps qui se referme sur lui. Mais il s'adresse à chacun de nous. Il s'adresse à moi, qui ne peux plus, après avoir vu ces tableaux, de la même façon me regarder moi-même ou regarder un champ de blé.

Car toute œuvre d'art est un défi à la mort. Disparu, l'artiste parle à tout homme ; il lui parle de soi et de lui.

Quand, à San Pietro in Vincoli, à Rome, je suis face au *Moïse* de Michel-Ange, c'est de moi, c'est de tout homme, qu'il est question. Moïse descend du Sinaï. Là-haut, dit-on, il a rencontré Dieu. Il en est transformé. La lumière qui l'inonde sourd de lui. Il est un phare. Ses veines, ses muscles ne sont plus seulement ceux d'un animal à qui la nature a apporté vie et vigueur ; ils sont maîtrisés, ils sont à son service. Moïse a rencontré Dieu... ou plutôt lui-même. Il s'est trouvé face non à quelque image fallacieuse, mais véritablement à soi. Capable à la fois d'être et de se savoir être, Moïse construit Moïse, il est un homme ; et le voilà en charge de tout son peuple, de tous les hommes.

Devant moi cependant, il n'y a qu'une représentation, une statue, un bloc de marbre. Mais un bloc façonné par Michel-Ange. Face au marbre primitif, informe, Michel-Ange pense à Jules II qui lui a commandé son tombeau, il pense à Moïse qu'il va représenter ; mais ce ne sont là que prétextes anecdotiques, que camouflages de sa démarche essentielle. Il pense à lui ; il sculpte son auto-portrait. En façonnant Moïse, Michel-Ange façonne Michel-Ange.

Et je suis devant lui, et il s'adresse à moi. Freud, paraît-il, était terrifié par cette statue. Il n'était pourtant pas homme qu'un bloc de marbre, que Michel-Ange ou que Moïse pussent effrayer. Mais il était face à Freud. Je suis face à l'œuvre d'un homme, face à l'homme Moïse évoqué par l'homme Michel-Ange, je suis face à moi. Et je deviens autre. Comme tout homme, je suis « un homme fait de tous les hommes » (J.-P. Sartre). Ce qu'ils m'apportent de plus précieux est l'incitation à me faire moi-même.

Et toi, Petit Prince qui m'interroges, je ne peux te proposer que des mots. Mais ils ont le pouvoir, grâce aux hommes qui s'expriment par eux, de te renvoyer à toi-même, non pour un constat, pour une aventure, qui sera la tienne et qui enrichira tous les hommes. Mais cette aventure, la laisserons-nous se dérouler ?

14. Un aboutissement possible : le suicide collectif

L'autostructuration, la possibilité de développer une aventure autonome ne sont pas l'apanage des êtres « vivants ». Les systèmes que nous construisons nous-mêmes et que nous qualifions d'« inanimés » peuvent y parvenir s'ils dépassent un certain niveau de complexité ; et cela est particulièrement vrai lorsque parmi leurs éléments constitutifs se trouvent des êtres vivants ou même des hommes.

L'exemple le plus frappant d'un tel système est sans doute l'énorme machine de destruction actuellement en cours de développement, dont l'utilisation ne pourrait aboutir qu'à l'élimination de toute trace des hommes sur la Terre, et dont les hommes sont les serviteurs chaque jour plus dociles, chaque jour plus consentants, chaque jour plus efficaces. Tout se passe comme si cette machine, considérée globalement, était douée d'une dynamique propre lui permettant de se développer en utilisant l'énergie et l'intelligence des hommes qui la servent, à divers niveaux de responsabilité, indépendamment de leur volonté, ou même parfois à l'encontre de leur volonté.

Essayons de prendre du recul, d'oublier la présentation classique en termes de tendance à l'hégémonie des empires et des idéologies, ou en termes de « défense nationale ». Pour cela, il faut tout d'abord regarder en face la réalité, récente et surtout très peu présente dans nos consciences, qu'est l'interdépendance de l'ensemble des Terriens.

La réalité de la Terre aujourd'hui

C'est sur cette interdépendance qu'il faut insister, tant elle est à l'opposé de tous les réflexes forgés et transmis au long de notre histoire.

Depuis leur prise de conscience d'eux-mêmes, les hommes se sont toujours sentis au large sur la Terre ; ils l'ont vue plate, immense. Les légendes affirmaient bien qu'elle avait quelque part un bord, mais celui-ci était lointain, inaccessible. Nous avons soudain appris, il y a quelques siècles, qu'étrangement l'extrême-orient et l'extrême-occident sont confondus, que les Indes sont à la fois de ce côté et du côté opposé, que la Terre est un globe ; ses bords ne sont ni lointains, ni proches, ils n'existent pas. Mais sa surface est cependant limitée, environ 50 milliards d'hectares au total, dont moins d'un tiers sont actuellement émergés. La place, si elle est mesurée, est donc tout de même largement comptée, du moins tant que les hommes sont peu nombreux, ce qui s'est produit tout au long de leur histoire.

Le premier million d'hommes n'a été atteint qu'au cours du paléolithique, 20 000 ou 30 000 années avant J.-C. ; la première centaine de millions au néolithique, quelques milliers d'années avant J.-C. ; le premier milliard, au début du XIXe siècle. Compte tenu d'une superficie de terres émergées de l'ordre de 15 milliards d'hectares, les étendues inhabitées étaient encore immenses.

Toute notre conception des rapports entre les hommes a été fondée sur cette réalité ; les sociétés se sont définies d'abord par leurs limites géographiques, par leurs territoires, d'où la nécessité de préserver ce territoire, d'où aussi la tentation de l'agrandir aux dépens des voisins. L'histoire des empires est celle de leurs annexions, de leur expansion, puis de leur résorption par des voisins plus puissants, ou de leur éclatement. Mais les conditions qui donnaient leur sens à ces attitudes d'attaque et de défense viennent de se modifier brutalement, en raison du bouleversement quasi simultané de trois données essentielles.

La première est le nombre des hommes ; en l'espace d'une vie, il a été multiplié par 3, ce qui ne s'était vraisemblablement jamais produit : les gens de ma génération sont nés sur une planète peuplée de 2 milliards d'hommes, à leur mort elle en comportera 6 milliards ; au milieu du siècle prochain, les 10 milliards seront dépassés. Il est clair que ce qui était vrai pour 2 milliards n'a aucune raison de l'être encore pour 6 ou pour 10. Les raisons de ce changement brutal sont bien connues ; elles constituent ce qu'on a appelé une première révolution démographique. Les efforts pour lutter contre la maladie et la mort, et surtout contre la mort des enfants, ont été enfin couronnés de succès ; l'équilibre « naturel » entre les naissances et les décès a été rompu. Fiers, à juste titre, de leur victoire contre leur pire ennemi, les hommes n'ont pas assez vite compris que le prix à payer était la prise en charge de leur effectif par eux-mêmes. Ce que la « nature » n'a plus été autorisée à faire avec ses méthodes efficaces mais brutales – la mort d'un enfant sur deux –, il a bien fallu qu'ils le fassent eux-mêmes. Les enfants qu'ils ont empêché de mourir, il a bien fallu qu'ils les empêchent de naître. Un bon siècle a été nécessaire pour que cette prise de conscience se répande. Dans certains pays, le retard a été tel que des mesures à peine supportables ont été nécessaires. Ainsi la Chine, où l'explosion démographique a été plus que spectaculaire : moins de 500 millions d'habitants lors de la prise du pouvoir par Mao en 1949, plus de 1 milliard trente-cinq ans plus tard ; si ce rythme d'accroissement s'était maintenu, le niveau de 3 milliards aurait été dépassé avant le milieu du prochain siècle, ce qui est physiquement impossible. Pour éviter les drames qui s'annonçaient, il était nécessaire de recourir à des contraintes draconiennes ; elles sont connues : chaque couple n'est autorisé à procréer qu'un enfant, ceux qui dépassent cette norme sont soumis à de fortes amendes.

Selon les cultures, selon les régimes politiques, les méthodes sont variables, mais il est maintenant clair que la prise de conscience devient universelle. Désormais, l'humanité sait qu'elle est en charge de la gestion de son effectif.

Un deuxième changement radical vient d'intervenir : l'accélération et l'intensification des échanges de personnes ou de marchandises. Il fallait quatre-vingts jours à Phileas Fogg, au prix de quels exploits ! pour aller de Londres à Londres en faisant le « tour du monde » ; un siècle plus tard, quelques dizaines d'heures suffisent. Seuls quelques Européens privilégiés pouvaient exhiber dans leur salon des paravents japonais ou des soies de Chine ; aujourd'hui, il n'est sans doute pas un seul intérieur français où l'on ne trouve de multiples appareils fabriqués à Singapour ou à Formose. Dans tous les pays du Sahel, les cases sont éclairées avec des lampes venues de Chine populaire. Partout les objets quotidiens de chacun le relient aux hommes des antipodes.

Enfin, troisième bouleversement, notre siècle a connu la généralisation du transfert instantané des informations. Tout ce qui a lieu devant témoin quelque part sur la planète peut être connu immédiatement de tous les hommes. Cette réalité est si permanente que nous ne sommes plus capables de nous en étonner ; mais cet étonnement revient dans quelques situations extrêmes : de longues minutes sont nécessaires pour retrouver le sens du réel lorsque, endormi dans son sac de couchage au Sahara ou au Groenland, l'on est réveillé par un transistor voisin annonçant le dernier cours du dollar ou vantant les mérites d'une marque de yaourts.

Saturant bientôt la planète, ayant ramené les dimensions de celle-ci à peu de chose lorsqu'ils veulent voyager ou échanger des marchandises, à rien lorsqu'ils veulent s'informer, les hommes sont au coude à coude ; mais ils ne le savent pas.

La réalité d'un conflit nucléaire

Les sorts individuels de tous les hommes sont désormais liés, mais ils raisonnent comme s'il était encore vrai que le malheur des uns fait le bonheur des autres.

Le cas extrême de cet aveuglement qui conduit à décrire la réalité d'aujourd'hui avec des mots d'hier devenus sans objet, à raisonner pour optimiser les décisions d'aujourd'hui avec des concepts d'hier dont le sens s'est évanoui, est celui de la « guerre nucléaire ».

L'usage même du mot « guerre » est révélateur de notre incapacité à regarder la réalité en face. Une guerre est un choc entre des hommes. Ils se ruent les uns contre les autres. Avec courage, avec intelligence, ils s'efforcent de l'emporter ; l'événement n'est pas très réjouissant à contempler (encore que certains y trouvent une satisfaction profonde), mais un jour vient où les combats cessent. Il y a un vainqueur, il est joyeux et peut organiser des réjouissances ; la fête de la victoire ne mérite-t-elle pas tous les sacrifices ?

Mais que sera la « guerre nucléaire » ? Il faut ici s'adresser aux sources les plus objectives qui soient. Il se trouve que les informations les mieux fondées, concernant deux points de vue distincts, ont été diffusées au cours de l'année 1983.

Le premier ensemble d'informations a été fourni par un groupe de travail réuni par l'Organisation mondiale de la santé [7]. Ce groupe s'est efforcé de prévoir le nombre des victimes immédiates d'un échange nucléaire et d'en mesurer les conséquences sur les systèmes sanitaires. Naturellement, tout dépend de l'intensité des échanges. Dans l'hypothèse d'un conflit limité où ne seraient utilisées que des armes tactiques visant uniquement des objectifs militaires, le nombre des morts et des grands blessés pratiquement condamnés serait de 9 millions, dont 8 millions de civils. Mais personne n'ose espérer que, une fois déclenché, un recours aux armes nucléaires pourrait être ainsi circonscrit. Dès qu'il s'agit d'une vraie guerre, les conséquences sont d'un tout autre ordre de grandeur. Dans l'hypothèse où les belligérants utiliseraient au total 5 000 mégatonnes (les stocks sont aujourd'hui, en 1986, de l'ordre de 15 000 ou 20 000 mégatonnes), le nombre des morts immédiats serait de 1 milliard et celui des grands blessés – morts en sursis – d'autant. Quant à la désorganisation des systèmes sanitaires, elle serait telle que « tout retour à la normale serait problématique ou impossible ; le calvaire des survivants serait physiquement et moralement effarant ».

Malgré cette mise en garde, il n'a pas manqué d'esprits froids pour tirer du rapport de l'OMS des conclusions autres que celles espérées par ses auteurs. Certes, la mort de 2 milliards d'hommes est bien triste. Mais ils seraient morts un peu plus tard de toute façon, ce n'est qu'une anticipation ; il resterait sur la Terre autant d'hommes qu'il y a cinquante ans, c'est très suffisant. Et puis, et surtout, les chances de survie ne seront pas également réparties ; les citoyens des pays développés, assez riches pour se faire construire un abri antiatomique, pourront éviter le pire, ce ne sera pour eux qu'un mauvais moment à passer. L'événement aura surtout éliminé les foules misérables restées exposées aux radiations mortelles. La civilisation y perdrait-elle tellement ?

Personne n'a osé dire que cette perspective est tentante, mais bien des raisonnements ont été développés dont le cheminement montre que l'on est effectivement tenté par elle. Ils se sont surtout manifestés par la pression en faveur de la construction d'abris ; on a ainsi pu voir, dans un journal parisien du soir sérieux [51], une double page à ce propos, illustrée de photos représentant le sort heureux d'une famille suisse ; parents et enfants attendent douillettement la fin de l'épisode nucléaire entourés des conserves entassées dans leur abri. Un groupe de pression en faveur de la construction systématique d'abris s'est même constitué au Parlement français. Mais ceux qui participent à cet effort se gardent bien de rappeler l'une des conclusions de l'OMS : « Les survivants émergeant des abris trouveraient à l'extérieur des conditions guère meilleures que celles connues sous terre. » Car la finalité de l'abri est de permettre d'en sortir. Dans quelles conditions ?

C'est à ce propos que le second ensemble d'informations diffusé à la fin de 1983 vient bouleverser toutes les perspectives. Cette diffusion est l'aboutissement d'une initiative prise en 1982 par un groupe de scientifiques américains ; ils ont cherché à préciser les conséquences sur le climat de la planète de divers scénarios de conflits nucléaires. D'abord informel, ce groupe s'est enrichi peu à peu d'experts de diverses disciplines, puis s'est constitué en comité. Celui-ci a fait procéder à de multiples vérifications des conclusions auxquelles il parvenait ; en particulier, les modèles de simulation mis au point par l'Académie des sciences d'URSS furent utilisés et leurs résultats confrontés à ceux des modèles occidentaux. Une conférence fut organisée le 31 octobre 1983 à Washington pour présenter l'ensemble des conclusions à la communauté scientifique et à la presse. Elle fut suivie d'un « débat-vidéo » par satellite avec les Soviétiques ; ceux-ci confirmèrent leur plein accord avec les conclusions des recherches américaines.

Or ces conclusions sont, pour nombre d'entre elles, inattendues. Certes, elles sont imprécises puisque aucune expérience en vraie grandeur ne peut être réalisée ; mais elles résultent d'un tel ensemble convergent de raisonnements et de simulations que leurs ordres de grandeur peuvent être tenus pour réalistes.

Il s'agit de décrire l'évolution du climat, sur l'ensemble de la planète, après un échange nucléaire. De multiples cas ont été étudiés en fonction de la puissance totale des explosions (de 100 à 10 000 mégatonnes) et de leurs objectifs (seulement les cibles militaires, seulement les villes, ou les deux). Bien sûr, les conséquences sont d'autant plus dramatiques que la puissance totale est plus élevée, mais la liaison n'est nullement proportionnelle. Un effet de seuil apparaît, et ce seuil se situe beaucoup plus bas qu'on ne l'imaginait : un conflit limité à 100 mégatonnes résultant de l'attaque d'un millier de villes par des bombes de 0,1 mégatonne (c'est-à-dire environ sept ou huit fois la puissance de celle qui a détruit Hiroshima) aurait des effets presque aussi graves qu'un conflit de 5 000 mégatonnes (scénario de référence déjà étudié par l'OMS).

En effet, les villes actuelles constituent des cibles dont la destruction a des conséquences sur l'atmosphère sans commune mesure avec les incendies d'autrefois. On se souvient des tornades de feu qui ont dévoré Hambourg et Dresde lors des bombardements incendiaires massifs réalisés avec des bombes classiques. La chaleur dégagée par les premiers foyers était telle que tout se mettait à brûler, pierres, tuiles, ciment, alimentant un incendie qui s'auto-entretenait, attisé par le courant d'air même qu'il provoquait, envoyant dans l'atmosphère à des milliers de mètres poussières, fumées, suies, et obscurcissant totalement le ciel.

Une bombe de 0,1 mégatonne a une puissance infiniment plus grande que toutes les bombes classiques lâchées par des escadrilles de quelques centaines ou quelques milliers d'avions en 1943-1944. La tornade de feu qu'elle entraînerait aurait une ampleur bien supérieure ; et nos villes modernes sont bourrées de produits, matières plastiques, carburants qui constitueraient des aliments de choix pour ces incendies néroniens.

Supposons donc que mille bombes, fortes chacune de 0,1 mégatonne, soient envoyées sur autant de villes. (Il s'agit là d'un échange bien limité puisqu'il utilise moins de 1 % du stock disponible.) Les quantités de suies, de poussières, de fumées qui se répandraient sur tout l'hémisphère Nord (où aurait lieu par hypothèse le conflit) rendraient le ciel si opaque que la température baisserait progressivement pour atteindre, sur les continents, de – 20° C à – 30° C deux semaines après le conflit. Elle ne remonterait au-dessus de 0° C qu'au bout de trois longs mois.

L'absence d'évaporation entraînerait la suppression des pluies, permettant au nuage opaque de se maintenir dans la haute atmosphère. La différence de température entre les terres et les océans modifierait le régime des

vents et provoquerait des tempêtes inouïes. Une couche
de glace épaisse de 2 mètres recouvrirait tous les fleuves
et lacs, condamnant les éventuels animaux survivants à
mourir de soif. Mais, surtout, l'absence presque totale de
rayonnement solaire arrêterait la photosynthèse chez les
plantes, détruisant la base de tout l'écosystème. Lorsque,
au bout de six mois ou un an, le soleil brillerait à nouveau, la couche protectrice d'ozone aurait subi de tels
dommages que les radiations ultraviolettes auraient une
intensité double ou triple de l'actuelle...

Inutile de continuer cette description de l' « hiver
nucléaire ». La seule question est de savoir si les êtres
vivant sur notre planète seraient tués trois, quatre, cinq
fois ou plus par le froid, par le feu, par la faim, par les
radiations, par la soif..., question passionnante pour un
débat académique, mais dont la réponse a bien peu d'importance pour les futures victimes.

La gravité de ce qu'ont mis en évidence ces études est
malheureusement d'une ampleur telle qu'elle outrepasse
nos capacités d'imagination. Chacun se réfugie dans des
comparaisons faciles mais fallacieuses ; le fait même
d'évoquer le cataclysme nucléaire en le désignant comme
une « guerre » revient à l'assimiler aux conflits d'autrefois, plus sévère sans doute que Fontenoy, mais à peine
plus pénible que Verdun ou Stalingrad. Chacun cherche
l'abri des aphorismes qui résument la sagesse populaire,
mais qui ici sont trompeurs : « l'humanité en a vu
d'autres, elle a toujours survécu » ; or ce n'est pas vrai,
elle n'en a pas vu d' « autres » semblables à ce qui se pré-
pare.

Tout raisonnement s'appuyant sur les exemples du
passé est donc rendu caduc. C'est l'ensemble de notre
logique à propos de la défense des nations, ou de la dissuasion mutuelle, qui doit être repensé. Une des revues
les plus lues par les scientifiques du monde entier,
Science, a consacré son éditorial à ce sujet en février
1984 [57]. Le Pr H.A. Simon de la Carnegie University, à
Pittsburgh, y montre que « la futilité de la dissuasion est
totale » puisque l'attaquant a la certitude d'être détruit
même si la victime ne réagit pas.

Notre incapacité à regarder en face la puissance que nous sommes capables de déchaîner est révélée par les surnoms dont les Américains ont cru nécessaire d'affubler leurs premières « bombes ». Il y a quarante ans, à l'aube du 6 août 1945, *Little Boy* a tué, trois jours plus tard c'était le tour de *Fat Man*. Cette phrase résonne comme le début d'un fait divers, d'une histoire du Far West. Mais *Little Boy* et *Fat Man* n'étaient pas des Apaches ou des cow-boys ; ils étaient les deux plus belles réussites de la science et de l'industrie américaines. Leur efficacité était sans précédent : chacune a provoqué plus de 100 000 morts en quelques secondes [56].

L'autodéveloppement de la machine-à-tout-détruire

Le fait que leurs constructeurs aient camouflé la monstrueuse puissance de destruction enfermée dans ces engins derrière des pseudonymes aussi dérisoires est révélateur non seulement d'une volonté d'aveuglement mais d'une acceptation de démission. Car, étrangement, le comportement des responsables face au processus d'amplification du risque nucléaire peut être caractérisé par ce mot : démission, et le comportement des futures victimes, c'est-à-dire tous les hommes, par ce mot : résignation.

Certes, au départ, une volonté affirmée a été nécessaire. Le projet Manhattan a été décidé par Roosevelt sous l'influence très pressante d'un groupe de physiciens américains, dont Einstein, obsédés par la crainte que les nazis n'aient en préparation un arsenal nucléaire. De même la réussite obtenue par l'URSS, en réalisant une explosion dès 1949, résulte de la volonté des dirigeants soviétiques de combler en ce domaine leur retard sur les USA. Mais la suite des événements semble se dérouler comme si les actes de chacun étaient dictés par les autres, en un cercle vicieux qui prive de toute autonomie les acteurs apparents du drame ; ceux-ci ne sont finalement que des marionnettes menées par les mécanismes qu'elles ont déclenchés.

L'exemple de la « force de frappe » française est à ce sujet très éclairant. Quel historien pourra désigner le ou les personnages qui ont pris la décision de doter notre pays de l'arme atomique ? Certes, la première explosion a eu lieu en 1960 alors que la France était gouvernée par le général de Gaulle, mais celui-ci n'avait fait que poursuivre une aventure commencée bien avant lui. C'est en 1958 que le gouvernement de Félix Gaillard a annoncé que la France serait dotée de la « bombe », mais, lors de cette annonce, il s'agissait déjà d'un fait accompli. En remontant les étapes de proche en proche, on constate que, tour à tour, les « décideurs » ont surtout accepté de ne pas interrompre un processus déjà engagé, car c'est cette interruption qui aurait véritablement nécessité une décision. On peut, si l'on en croit Christian Mellon [35], situer l'origine du processus à la création, en 1952, par l'état-major des armées, d'un « commandement des armes spéciales » chargé d'étudier les conditions de réalisation de l'arme nucléaire et de réunir les moyens en hommes et en matériel nécessaires. Il s'agissait alors d'une mesure purement technique prise par des responsables soucieux de pouvoir présenter des dossiers solides, le jour où les politiques s'intéresseraient au problème ; après quoi les politiques n'ont pu qu'admirer la solidité des dossiers, et laisser poursuivre les études d'abord théoriques, puis concrètes, puis en vraie grandeur.

C'est selon un déroulement bien semblable qu'une infime cellule, victime d'une erreur de régulation, ou prenant par hasard l'initiative d'un métabolisme nouveau, se multiplie, crée une tumeur et développe un cancer qui s'étend à l'ensemble de l'organisme avant d'aboutir à sa destruction. Le système nucléaire, considéré globalement à l'échelle de la planète, est très exactement l'équivalent d'un cancer qui se développe, et dont les métastases sont les divers pays participant à la prolifération nucléaire.

Que ce cancer soit localisé ici ou là a bien peu d'impor-

tance puisque, en chaque point, il menace l'ensemble.
Les SS 20 soviétiques sont dirigés contre l'Europe, mais
ils menacent tout autant l'URSS, puisque l'hiver
nucléaire qu'ils déclencheraient s'étendrait en quelques
jours sur tout l'hémisphère Nord, avant d'atteindre,
après une ou deux semaines, l'hémisphère Sud. Les Per-
hing et les Cruise sont dirigés vers l'Est, mais ils
menacent tout autant l'Ouest. Une arme nucléaire, quelle
que soit la couleur du drapeau qui la décore, est une
arme dont la véritable cible n'est ni New York, ni Mos-
cou, mais l'Homme, tous les hommes.

Le développement de cet immense et complexe système peut être décrit comme celui d'une structure autonome qui provoque elle-même sa propre croissance et
qui est capable d'extraire par elle-même, de l'organisme
sur lequel elle s'est implantée, les trésors de richesse et
d'intelligence nécessaires à cette croissance.

Les développements actuels (en 1986) illustrent à nouveau cette dynamique interne de la machine à détruire
l'humanité. Pour tenter de se protéger, les États-Unis
lancent une opération à long terme qui devrait les rendre
capables, d'ici la fin du siècle, de détruire les fusées
adverses avant qu'elles n'atteignent le sol américain ;
c'est l'« Initiative de défense stratégique », décrite par les
médias comme préparant la « guerre des étoiles ». L'objectif est tentant, mais résulte d'une vue aussi courte que
celle des constructeurs d'abris. Imaginons qu'effectivement, et pour longtemps, le sol des États-Unis devienne
un sanctuaire inviolable ; il ne sera pas pour autant hors
d'atteinte de l'hiver nucléaire déclenché par un conflit
qui opposerait et détruirait d'autres pays. Protégés par
leurs satellites armés de lasers, les citoyens américains
seront assurés de n'être tués ni par les ondes de choc, ni
par les incendies, ni par les radiations dont les menacent
les fusées soviétiques ; ils pourront regarder sereinement
les autres peuples s'entre-atomiser ; mais leur sérénité
sera de courte durée : chez eux aussi, deux semaines
après le conflit, il fera nuit à midi, chez eux aussi, la température descendra pendant plusieurs mois à $-23°$ C,
chez eux aussi les nuages radioactifs retomberont, chez

eux aussi les ultraviolets... Les autres hommes seront tués six ou sept fois, eux trois ou quatre fois seulement. Est-ce un objectif si exaltant ?

Mais surtout la mise en place du « bouclier » IDS constitue un pas de plus, et un pas sans doute décisif, dans la complexification de la machine de guerre. Les échanges de coups ne dureront que quelques minutes ; les décisions devront être prises en quelques secondes. Il est exclu qu'elles le soient par des hommes. Des ordinateurs devront, en fonction des informations reçues, choisir et déclencher la riposte. A la merci d'une quelconque erreur de ponctuation dans des logiciels comportant des dizaines de millions de signes, nous aurons délégué à des machines le soin du choix ultime : faire ou non basculer l'humanité dans le néant.

Et pourtant les recherches sont activement poussées, les contrats commencent à être signés, des firmes européennes aussi bien qu'américaines supputent les bénéfices qu'elles en tireront et les cours de la Bourse s'améliorent. Dans le camp opposé, les responsables militaires ont de nouveaux arguments pour obtenir des moyens supplémentaires. La satisfaction est quasi générale, semblable au soulagement du drogué en crise de manque lorsqu'il reçoit la dose qu'il attend, et qui l'achève.

Pour ne pas être dépassée, l'Europe lance un projet similaire : les objectifs sont théoriquement pacifiques, mais au point où en sont les choses, tout progrès, dans une discipline scientifique quelconque, dans une technologie quelconque, est nécessairement utilisé pour le développement de la machine à détruire les hommes ; « toute l'utilité du savoir est canalisée vers la mort » (Michel Serres).

De même le regain d'énergie à grand-peine obtenu par le malade est détourné par les tumeurs cancéreuses qui prolifèrent avec plus de vigueur. Oui, réellement, notre humanité est la proie d'un cancer qui déjà l'affaiblit, et la détruira demain, si on le laisse s'étendre.

Ce n'est pas là une affirmation gratuite, visant au spectaculaire. Elle correspond malheureusement à la réalité ; celle-ci se situe tellement loin au-delà de notre pouvoir d'imagination que notre esprit se ferme et se refuse à voir l'apocalypse qui est là, devant nous, si proche qu'elle nous fascine et nous laisse sans réaction.

La prise de conscience nécessaire

Que de fois j'ai entendu le discours lénifiant : « Ce que vous décrivez est exact, ce scénario est théoriquement possible, mais il ne se réalisera jamais. Aucun responsable, d'un camp ou de l'autre, ne sera assez fou pour appuyer sur le bouton nucléaire. Tout au contraire, l'excès même de la menace est devenu un facteur de paix ; il faut continuer dans cette voie et préserver l'équilibre que maintient la terreur réciproque. »

Le mot « équilibre » est certes bien rassurant ; mais les seuls équilibres durables sont les équilibres stables. Or, de toute évidence, l'équilibre de la terreur est éminemment instable ; la preuve en est qu'il faut chaque jour ajouter de nouvelles armes dans les deux plateaux de la balance pour le maintenir.

Admettre qu'il durera, c'est admettre un argument aussi ridicule que celui de l'homme de la fable tombant du haut d'un gratte-ciel. Quand il passe devant le trentième étage, il est effrayé en pensant à la suite, car il a entendu dire que ce genre de chute finissait mal ; arrivé au quinzième il se rassure, car l'expérience lui montre que rien de grave ne se passe ; enfin au niveau du premier étage, il est devenu totalement confiant et se moque des prophètes de malheur dont les horribles prévisions ne se réalisent jamais, il en est la preuve ; mais la chaussée approche...

D'autre part, si vraiment les fusées accumulées ne doivent pas servir, pourquoi les munir d'une électronique coûteuse (oh combien !) leur permettant d'atteindre leur cible à coup sûr ? Puisqu'elles ne seront jamais utilisées, c'est absolument certain paraît-il, pourquoi ne pas les construire en carton ? La réponse est qu'elles doivent constituer une menace. Mais, pour qu'elles puissent jouer ce rôle, il faut que, si infime soit-elle, la probabilité de leur lancement ne soit pas nulle. Ce qui revient à considérer comme acceptable le suicide de l'humanité.

Nous nous trouvons ici face à la question essentielle, celle dont la réponse est décisive : existe-t-il des causes qui méritent d'être défendues au prix de l'existence de l'humanité ? La réponse spontanée est souvent positive, là encore par référence instinctive aux expériences d'autrefois. Nous avons tous appris à admirer le courage de ceux qui ont défendu leurs idées au péril de leur vie. Combien de « grands hommes » ont accepté de donner leur vie pour que leurs enfants puissent vivre libres ! Ils n'ont pas succombé à la tentation de la lâcheté, leur attitude est donnée en exemple.

Par analogie, ceux qui aujourd'hui attirent l'attention sur la nécessité de préserver la paix sont qualifiés de pacifistes, d'ennemis intérieurs, de lâches. On a pu voir, en 1985, à la télévision, un député, animateur du lobby des constructeurs d'abris, affirmer que le pacifisme « fait pourrir le pays par l'intérieur [1] ».

Certes, il est exaltant d'offrir sa propre vie pour une cause ; mais il s'agit aujourd'hui d'offrir la vie de tous les hommes. L'idéologie, si admirable soit-elle, au nom de quoi on les aura sacrifiés sera-t-elle sauvée ? La liberté, la dignité méritent qu'on lutte pour elles, mais pour lutter il faut vivre ; ce qu'il faut d'abord, c'est préserver la survie de l'espèce. Et cette survie n'est nullement assurée, elle est actuellement à la merci d'un acte de folie ou d'un accident.

Malheureusement cette évidence ne se répand que lentement dans l'opinion. Une conspiration spontanée du silence camoufle la réalité : il est significatif qu'un journal comme *Le Monde* n'ait évoqué pour la première fois le concept d'« hiver nucléaire » qu'en septembre

---

1. Mme Fl. d'Harcourt, « Dossiers de l'écran », Antenne 2, 5 février 1985.

1984, dix mois après le congrès de Washington auquel avaient pourtant été conviés plus de cent journalistes.

Il s'agit d'un sujet autrement plus important que la victoire d'une équipe de rugby ou qu'une naissance à la cour d'Angleterre, mais tout se passe comme si ce n'était qu'un problème parmi d'autres, qui se trouvera, comme les autres, résolu un jour sans que nous intervenions. Cela est faux ; même ceux qui ont le pouvoir le constatent : ils sont pris dans un engrenage de surarmement qu'ils affirment eux-mêmes réprouver.

L'humanité est comme embarquée sur un bateau dont les passagers les plus riches, ceux du pont supérieur, se sont répartis en deux camps, ceux de bâbord et ceux de tribord ; chaque camp craint l'attaque de l'autre et entasse, pour le dissuader, des barils de poudre ; le stock amassé permettrait de faire sauter dix fois le navire, et chacun tient une mèche enflammée qu'il lancera pour provoquer l'explosion dès le premier mouvement inquiétant de l'autre. Pendant ce temps, dans la cale, les passagers misérables crèvent de faim et de maladies. Qui parierait sur l'arrivée à bon port ?

Il est temps de changer d'attitude. Des scientifiques de toutes nationalités, de tous bords, lancent le même cri d'alarme. Ils font écho aujourd'hui à l'appel lancé il y a trente ans par Albert Einstein. Il n'était pas question alors d'« hiver nucléaire » ; mais il voyait quel destin serait celui de l'humanité si la course à la puissance de destruction se poursuivait. Son dernier acte public a été de lancer avec Bertrand Russell un manifeste en faveur de la paix, qu'il espérait voir signé par des intellectuels de tous pays [23]. Il aurait ajouté pour quelques amis ce commentaire : « Après une guerre nucléaire, il n'y aurait plus personne pour écouter Mozart. » Oui, nous sommes aujourd'hui capables d'assassiner, aussi, Mozart.

Mais ce cri n'a pas été entendu ; le message n'est pas passé ; l'admiration provoquée par les prouesses technologiques de ces objets rutilants, capables d'atteindre, à 10 mètres près, une cible située à 10 000 kilomètres, fait toujours béer ceux que ces prouesses vitrifieront. Certains affirment même que le processus actuel est technologiquement irréversible ; ils évoquent le cas du plutonium, ce produit particulièrement lourd de dangers à long terme, car il permet une prolifération nucléaire incontrôlable ; il est en effet séparable chimiquement, ce qui met sa production à la portée d'organismes ou d'États ne disposant que de moyens techniques rudimentaires. Cet élément n'existe pas dans la nature, il est produit par nous. Est-ce possible de s'en débarrasser ? La réponse est oui. Cette élimination peut être réalisée, par exemple, grâce aux réacteurs à sels fondus au fluorure de thorium [36] ; selon Edward Teller, le « père » de la bombe H, ces réacteurs représentent le meilleur système « du point de vue de la prolifération » [60]. L'énergie accumulée dans les bombes à plutonium peut ainsi, au lieu d'être déchaînée brutalement pour détruire, être libérée progressivement dans ces réacteurs pour subvenir aux besoins des hommes.

Quel cri faut-il donc pousser pour réveiller nos contemporains ? Dans la phase actuelle on ne peut qu'adopter la position de l'écrivain italien Alberto Moravia : depuis son passage dans le musée du souvenir d'Hiroshima, il ne peut distraire sa pensée du nœud nucléaire que l'humanité a passé autour de son cou. Quel que soit le sujet des conférences qui lui sont demandées, il ne parle que de cela. Ainsi a-t-il fait lors d'une récente rencontre à Paris consacrée aux « Droits de l'homme » ; à quoi bon parler de leurs droits, si l'on ne fait pas le nécessaire pour qu'il y ait encore des hommes ?

L'ultime espoir est dans l'efficacité de la pression populaire ; chaque individu est sans doute impuissant, mais en nous rassemblant nous pouvons faire basculer l'histoire. Souvenons-nous du proverbe chinois : un flocon de neige est insignifiant mais, dans la tempête, les millions de flocons qui s'amassent sur l'arbre peuvent le faire ployer, et l'abattre.

Hiroshima, Nagasaki, ces deux noms sonnent comme un tocsin. Et ce tocsin aurait dû réveiller les hommes.

L'horreur du martyre de ces deux villes aurait dû ouvrir les yeux de tous sur la folie meurtrière qui les conduit au néant. Mais le tocsin a résonné en vain. Nous consacrons une part toujours plus grande de nos ressources, de nos énergies, de nos intelligences à préparer notre destruction. Aujourd'hui tout est prêt pour le suicide de l'humanité. La mort va-t-elle l'emporter ?

La réponse ne peut être que brutale, que grossière. Elle est donnée par la réplique qui termine *Les Mains sales* de J.-P. Sartre ; Hoederer a consacré sa vie à son parti, il est prêt à mourir pour ses idées, mais il est abattu stupidement, pour un baiser volé, et s'écrie : « C'est trop con ! »

Les hommes ont devant eux la possibilité d'une amélioration indéfinie de leur condition, ils peuvent sans limites enrichir un monde qu'ils ont le pouvoir de peu à peu transformer ; et ils se laisseraient détruire par une machine aveugle qu'ils ont eux-mêmes construite ? « C'est trop con ! »

En manière d'épilogue, l'histoire du Commencement dans une version revue, corrigée et considérablement améliorée.

A l'origine, allez savoir pourquoi et comment, Dieu inventa le temps, et, du coup, inventa l'ennui.

> Car le temps qui passe
> Quand rien ne se passe
> A la longue, ça lasse.

Pour emplir l'immense vide de la durée qui sans fin s'étire, Il inventa des objets, des électrons, des galaxies, des neutrons, des trous noirs. Et tout cela parcourait l'espace, resplendissait, rayonnait, en respectant scrupuleusement les lois qu'Il avait édictées. Pas l'ombre d'une indiscipline dans cette troupe docile.

Et Il s'ennuyait de plus en plus.

« Ce qu'il me faudrait, pensait-Il, c'est, de temps à autre, une surprise. »

Mais essayez donc de surprendre quelqu'un qui, par définition, sait tout, est au courant de tout !

Sans désespérer, Il vint tenter quelques expériences dans un petit coin retiré, au bord de l'une des innombrables galaxies.

Là, Il inventa des objets capables de faire des doubles d'eux-mêmes, de se reproduire ; mais ils avaient beau se multiplier, ils étaient tous identiques. « Que c'est ennuyeux ! » constata-t-Il.

Puis Il donna, à certains de ces reproductibles, le pouvoir de s'y mettre à deux pour en faire un troisième ; chaque fois, le troisième était nouveau. « Enfin de la diversité, pensa-t-Il, et facilement, sans que J'aie à me mettre en frais d'imagination. » Mais, chaque être nouveau, Lui qui sait tout pouvait le prévoir avant même qu'il existât. Rien, jamais, d'inattendu.

Enfin un jour, un être apparut qui lui sembla étrange, et pour tout dire un peu raté. Pour compenser, étant en humeur de plaisanter, Il lui accorda un pouvoir qu'Il n'avait donné à aucun autre : le pouvoir de s'attribuer à lui-même des pouvoirs. Par précaution cependant Il marqua des limites : « Tu ne feras pas ceci, pas cela. »

Et dans cet univers docile, soumis, respectueux, la divine surprise se produisit ; celui qui avait interdiction de manger le fruit désobéit et mangea le fruit.

Alors Dieu ressentit un immense plaisir. Il fut illuminé d'un large sourire : « Quel merveilleux créateur Je suis ; voilà qu'une de mes créatures est capable de créer ! »

Et rassuré, certain que l'ennui n'aurait plus de prise sur ce petit coin de l'univers, Il le laissa aux soins des hommes et s'en alla au loin s'occuper d'autre chose.

Seuls ou pas dans l'univers ? Peu importe.
Nous sommes en charge de notre destin.

Références

1. Althusser, L., *Philosophie et Philosophie spontanée des savants,* Paris, La Découverte, 1977.
2. Atlan, H., « L'émergence du nouveau et du sens », in [14], p. 115-130.
3. Atlan, H., « Du système interprétatif de la nature des choses », *Le Genre humain, 12,* 1985, p. 167-190.
4. Babron, M.-C., *Hétérogénéité des pressions sélectives et Maintien du polymorphisme,* thèse de doctorat, université Paris VI, 1979.
5. Bachelard, G., *La Formation de l'esprit scientifique,* Paris, Vrin, 1972.
6. Barash, D., *Sociobiology and Behavior,* New York, Elsevier, 1977.
7. Bergstrom, S., « La guerre nucléaire. Impact sur la santé et les services de santé », in *Santé du monde,* OMS, juillet 1983, p. 26-29.
8. Cavalli-Sforza, L.L., et Bodmer W., *The Genetics of Human Populations,* San Francisco, Freeman, 1971.
9. Cavalli-Sforza, L.L., et Feldman, H.W., *Cultural Transmission and Evolution. A Quantitative Approach,* Princeton Univ. Press, 1981.
10. Changeux, J.-P., *L'Homme neuronal,* Paris, Fayard, 1983.
11. Chaventré, A., *Évolution anthropo-biologique d'une population touarègue,* Paris, PUF, Cahiers de l'INED, 1983.
12. Dawkins, R., *The Selfish Gene,* Oxford, Oxford Univ. Press, 1976.
13. Delsol, M., *Cause, Loi, Hasard en biologie,* Paris, Vrin, 1985.
14. Dumouchel, P., et Dupuy, J.-P., *L'Auto-organisation,* Paris, Éd. du Seuil, 1983.

15. Dupuy, J.-P., *Ordres et Désordres. Enquête sur un nouveau paradigme,* Paris, Éd. du Seuil, 1982.

16. Ehrlich, P., Sagan, C., Kennedy, P., Roberts, W.O., *Le Froid et les Ténèbres,* Paris, Belfond, 1985.

17. Ekeland, I., *Le Calcul, l'Imprévu,* Paris, Éd. du Seuil, 1984.

18. Fabre, J.-H., *Promenades entomologiques,* Paris, La Découverte, 1980.

19. Falconer, D.S., *Introduction to Quantitative Genetics,* Londres, Oliver and Boyd, 1960.

20. Guilbaud, G.-Th., *Leçons d'à peu près,* Paris, Christian Bourgois, 1981.

21. Gould, S.-J., *Quand les poules auront des dents. Réflexions sur l'histoire naturelle,* Paris, Fayard, 1983.

22. Grassé, P.-P., *L'Homme en accusation. De la biologie à la politique,* Paris, Albin Michel, 1980.

23. Hoffmann, B., *Albert Einstein, créateur et rebelle,* Paris, Éd. du Seuil, 1975.

24. Jacquard, A., *Génétique des populations humaines,* Paris, PUF, coll. « SUP », 1974.

25. Jacquard A., *Concepts en génétique des populations,* Paris, Masson, 1977.

26. Jacquard A., *Éloge de la différence,* Paris, Éd. du Seuil, 1978.

27. Jacquard A., *Au péril de la science ?* Paris, Éd. du Seuil, 1982.

28. Jacquard A., « Quelques réflexions naïves sur les mesures de la liaison entre deux caractéristiques », *Rev. psycho. appl., 33,* 2, 1983, p. 103-110.

29. Jacquard A., « Heritability : one word, three concepts », *Biometrics 39,* 1983, p. 465-477.

30. Kempthorne, O., « Logical, epistemological and statistical aspects of nature-nurture data interpretation », *Biometrics 34,* 1978, p. 1-23.

31. Kimura, M., « Evolution of an altruistic trait through group selection as studied by the diffusion equation method », *Journ. of Math. Appl. in Med. and Biol. 1,* 1984, p. 1-15.

32. Kimura, M., et Ohta, T., *Theoretical Aspects of Population Genetics,* Princeton, Princeton Univ. Press, 1971.

33. Langaney, A., *Le Sexe et l'Innovation,* Paris, Éd. du Seuil, 1979.

34. Lathrop, M., Lalouel, J.-M., et Jacquard A., « Path analysis of family resemblance and gene. Environment interaction », *Biometrics 40,* 1984, p. 611-625.

35. Launay, B. de, *Le Poker nucléaire,* Paris, Syros, 1983.

36. Lecoq, A., et Hery, M., « Results of and prospects for studies on molten salt nuclear reactors », *First international Symposium on molten salt chemistry and technology,* Kyoto, 1983, p. 423-426.

37. Lemaine, G., et Matalon, B., *Hommes supérieurs, Hommes inférieurs,* Paris, Colin, 1985.

38. Lewontin, R., *The Genetic Basis ot Evolutionary Change,* New York, Columbia Univ. Press, 1974.

39. Lewontin, R., Rose, S., et Kamin, L., *Nous ne sommes pas programmés,* Paris, La Découverte, 1985.

40. Lumsden, C., et Wilson, F., *Le Feu de Prométhée,* Paris, Mazarine, 1984.

41. Malécot, G., *Probabilités et Hérédité,* Paris, PUF, 1966.

42. Maynard-Smith, J., « The evolution of behavior », *Pour la science,* n° 13, nov. 1978, p. 148.

43. Milgram, M., « Le formalisme du hasard », in [14], p. 191-209.

44. Nei, M., *Molecular Population Genetics and Evolution,* New York, North-Holland, 1975.

45. Ohta, T., « Population genetics of transposable elements », *Journ. of Math. App. in Med. and Biol. 1,* 1984, p. 17-29.

46. Ohta, T., « A model of duplicative transposition and gene conversion for repetitive DNA families », *Genetics 110,* 1985, p. 513-524.

47. Passet, R. « Réductionnisme et complexité », *Reflets et Perspectives de la vie économique,* n° 213, mars 1985, p. 187-200.

48. Prigogine, I., et Stengers, I., *La Nouvelle Alliance,* Paris, Gallimard, 1979.

49. Rasmont, R., « La théorie de l'évolution cent ans après

Darwin : des lumières et des ombres », in *Évolution,* Éd. Univ. Bruxelles, 1983.

50. Reeves, H., *Patience dans l'azur,* Paris, Éd. du Seuil, 1981.

51. Rendu, M.-A., « 50 millions de Français à découvert », *Le Monde*, 15-16 juillet 1984, p. II-III.

52. Rosnay, J. de, *Le Macroscope*, Paris, Éd. du Seuil, 1975.

53. Rostand, J., Introduction de [18].

54. Ruffié, J., *De la biologie à la culture,* Paris, Flammarion, 1976.

55. Sahlins, M., *Critique de la sociobiologie,* Paris, Gallimard, 1980.

56. Shuntaro, H., *Little Boy,* Paris, Quintette, 1985.

57. Simon, H.A., « Mutual deterrence or nuclear suicide », in *Science 223,* 24 février 1984, p. 4638.

58. Stern, C., *Principles of Human Genetics,* San Francisco, Freeman, 1960.

59. Stewart, J., « Schizophrenia : the systematic construction of genetic models », *Am. J. Hum. Genet. 32,* 1980, p. 47-54.

60. Teller, E., « Advanced systems. An introduction », *Amer. Nuclear Society 25,* 1977, p. 159.

61. Veuille, M., *La Sociobiologie,* Paris, PUF, coll. « Que sais-je ? », 1986.

62. Wilson, E., *Sociobiologie. The New Synthesis,* Cambridge, Harvard Univ. Press, 1971.

63. Winiwarter, P., « The genesis model. Complexity, a mesure for the evolution of self-organized systems of matter », *Speculations in Science and Technology 6,* 1, 1983, p. 11-20.

64. Yasuda, N., Caralli-Sforza, L.L., Skolnick, M., et Moroni, A., « The evolution of surnames : an analysis of their distribution and extinction », *Theor. Pop. Biology 5,* 1974, p. 123-142.

Table

COMPOSITION : IMPRIMERIE HÉRISSEY À ÉVREUX
IMPRESSION : IMP. BRODARD ET TAUPIN À LA FLÈCHE
DÉPÔT LÉGAL FÉVRIER 1991. N° 12874 (6426D-5).

Collection Points

SÉRIE SCIENCES

dirigée par Jean-Marc Lévy-Leblond

Collection « Science ouverte »

dirigée par Jean-Marc Lévy-Leblond

* L'astérisque indique les ouvrages disponibles dans la série de poche « Points Sciences »

Jean Jacques, *Les Confessions d'un chimiste ordinaire*, 1981
Patrick Lagadec, *La Civilisation du risque*, 1981
   États d'urgence, 1988
André Langaney, *Le Sexe et l'Innovation**, 1979
Tony Lévy, *Figures de l'infini*, 1987
J.-M. Lévy-Leblond et A. Jaubert, *(Auto)critique de la science**, 1973
Eugene Linden, *Ces singes qui parlent*, 1979
Georges Ménahem, *La Science et le Militaire*, 1976
Agata Mendel, *Les Manipulations génétiques*, 1980
P.-A. Mercier, F. Plassard, V. Scardigli, *La Société digitale*, 1984
Abraham A. Moles, *Les Sciences de l'imprécis*, 1990
Catherine Mondiet-Colle, Michel Colle,
   Le Mythe de Procuste, 1989
Hubert Reeves, *Patience dans l'azur**, 1981
   Poussières d'étoiles, 1984
   L'Heure de s'enivrer, 1986
   Malicorne, 1990
Jacques-Michel Robert, *Comprendre notre cerveau**, 1982
Colin Ronan, *Histoire mondiale des sciences*, 1988
Philippe Roqueplo, *Le Partage du savoir*, 1974
   Penser la technique, 1983
Steven Rose, *Le Cerveau conscient*, 1975
H. Rose, S. Rose et al., *L'Idéologie de/dans la science*, 1977
Joël de Rosnay, *L'Aventure du vivant*, 1988
Rudy Rucker, *La Quatrième Dimension*, 1985
Carl Sagan, *Les Dragons de l'Éden*, 1980
Evry Schatzman, *Les Enfants d'Uranie*, 1986
Michel Schiff, *L'Intelligence gaspillée*, 1982
Dominique Simonnet, *Vivent les bébés !*, 1986
William Skyvington, *Machina Sapiens*, 1976
Solomon H. Snyder, *La Marijuana*, 1973
Isabelle Stengers et al., *D'une science à l'autre*, 1987
Peter S. Stevens, *Les Formes dans la nature*, 1978
Pierre Thuillier, *Le Petit Savant illustré*, 1978
   Les Savoirs ventriloques, 1983
Francisco J. Varela, *Connaître*, 1989
Renaud Vié le Sage, *La Terre en otage*, 1989
Steven Weinberg, *Les Trois Premières Minutes de l'univers**, 1978

Collection Points

SÉRIE ESSAIS